Roswitha Lindner

Daf Begleiter - B2

Grammatik, Textergänzung, Fehlerkorrektur

LINDNER
VERLAG
LINDNER VERLAG

LINDNER VERLAG
Charilaou Trikoupi 146 - 14671 Athen - Nea Erythraia
Griechenland

E-mail: info@lindnerverlag.eu
Web: www.lindnerverlag.eu

1. Auflage

Umschlaggestaltung: Georgia Theodorou
Layout und Gestaltung: Lindner Verlag

Printed in Greece

ISBN: 978-960-9614-16-0

Ein kurzes Vorwort

Mit diesem **DaF-Begleiter B2** soll den Kandidaten der Diplome auf B2-Niveau ein systematischer Helfer mit auf den Weg gegeben werden. Er begleitet ihn bei einer allgemeinen Wiederholung der deutschen Grammatik und Syntax und bei der Bewältigung der Aufgaben zur Textrekonstruktion mit einzelnen Wörtern sowie bei Aufgaben zur Fehlerkorrektur, die nach meiner langjährigen Erfahrung als Deutschlehrerin den Lernenden oft Schwierigkeiten bereiten und dennoch in den herkömmlichen Lehrwerken leider nicht ausreichend behandelt werden, obwohl sie für die Endnote nicht gerade unerheblich sind.

Einen ganz besonderen Dank möchte ich meinen Schülern **Christos**, **Georg**, **Marlen**, **Sokratis** und **Taxiarchis** für das Ausprobieren der Übungen und für die praktischen Tipps und wichtigen Anregungen aussprechen.

Roswitha Lindner

Inhaltsverzeichnis

I. Wie Sie an die Prüfungsaufgaben herangehen

Tipp: Wenn Sie Prüfungsaufgaben, die mit der Rekonstruktion eines Textes durch die Ergänzung mit Wörtern (vorgegeben oder nicht) oder mit der Korrektur von Fehlern zu tun haben, müssen Sie vor allem die deutsche Syntax (Satzbaulehre), die Grammatik und den Wortschatz so gut wie möglich beherrschen.

II. Die Checkliste

Tipp:
Lernen Sie die Checkliste auswendig. Prüfen Sie Ihre Lösungen immer mithilfe der Checkliste!

Die Checkliste

1. Schritt	**Verb** **1)** Ist das Verb richtig konjugiert? **2)** Sind sämtliche Bestandteile der Verbform vorhanden? (z.B. Hilfsverb, Infinitiv, Partizip Perfekt)?
2. Schritt	**Subjekt** **1)** Gibt es ein Subjekt und steht es im Nominativ? **2)** Gibt es die Begleiter des Subjekts (z.B. Artikel, Pronomen, Adjektive, Partizipien)? **3)** Stehen die Begleiter des Subjekts in der richtigen Form (z.B. Kasus, Endung)?
3. Schritt	**Syntax** **1)** Handelt es sich um einen Haupt- oder Nebensatz? **2)** Sind die Konjunktionen, falls vorhanden, korrekt? **3)** Gibt es das Verb und steht es auf der richtigen Position? **4)** Gibt es das Subjekt und seine Begleiter und steht es / stehen sie auf der richtigen Position?
4. Schritt	**Die Objekte** **1)** Gibt es die notwendigen Ergänzungen des Verbs (vor allem Objekte)? **2)** Gibt es die Begleiter des Objekts (z.B. Artikel, Pronomen, Adjektive, Partizipien)? **3)** Steht das Objekt im richtigen Kasus?
5. Schritt	**Sonstige freie Ergänzungen** **1)** Gibt es freie, also nicht vom Verb abhängige Ergänzungen, das heißt vor allem adverbiale Bestimmungen zur Zeit, zum Grund, zur Art und Weise und zum Ort? **2)** Ist die freie Ergänzung vollständig und korrekt?
6. Schritt	**Feste Verbindungen und Wendungen** - Ist die feste Verbindung oder Wendung korrekt wiedergegeben?

1. Schritt: Das Verb

Erinnern Sie sich?
Konjugation der Verben und Zeitformen des Verbs in der Vergangenheit

Übersicht 1: Präsens

	machen	reisen	arbeiten	klingeln	wissen	essen
ich	mach**e**	reis**e**	arbeit**e**	kling**le**	**weiß**	ess**e**
du	mach**st**	reis**t**	arbeit**est**	kling**elst**	**weißt**	**isst**
er/sie/es	mach**t**	reis**t**	arbeit**et**	kling**elt**	**weiß**	**isst**
wir	mach**en**	reis**en**	arbeit**en**	kling**eln**	wiss**en**	ess**en**
ihr	mach**t**	reis**t**	arbeit**et**	kling**elt**	wiss**t**	ess**t**
sie	mach**en**	reis**en**	arbeit**en**	kling**eln**	wiss**en**	ess**en**
Sie	mach**en**	reis**en**	arbeit**en**	kling**eln**	wiss**en**	ess**en**

Übersicht 2: Präteritum

	machen	arbeiten	klingeln	wissen	essen
ich	mach**te**	arbeit**ete**	kling**el**te	**wusste**	**aß**
du	mach**test**	arbeit**etest**	kling**eltest**	**wusstest**	**aßest**
er/sie/es	mach**tet**	arbeit**ete**	kling**elte**	**wusste**	**aß**
wir	mach**ten**	arbeit**eten**	kling**elten**	**wussten**	**aßen**
ihr	mach**tet**	arbeit**etet**	kling**eltet**	**wusstet**	**aßet**
sie	mach**ten**	arbeit**eten**	kling**elten**	**wussten**	**aßen**
Sie	mach**ten**	arbeit**eten**	kling**elten**	**wussten**	**aßen**

Übersicht 3: sein - haben - werden

	PRÄSENS			PRÄTERITUM		
	sein	haben	werden	sein	haben	werden
ich	**bin**	**habe**	**werde**	**war**	**hatte**	**wurde**
du	**bist**	**hast**	**wirst**	**warst**	**hattest**	**wurdest**
er/sie/es	**ist**	**hat**	**wird**	**war**	**hatte**	**wurde**
wir	**sind**	**haben**	**werden**	**waren**	**hatten**	**wurden**
ihr	**seid**	**habt**	**werdet**	**wart**	**hattet**	**wurdet**
sie	**sind**	**haben**	**werden**	**waren**	**hatten**	**wurden**
Sie	**sind**	**haben**	**werden**	**waren**	**hatten**	**wurden**

Übersicht 4: Perfekt und Plusquamperfekt

Regeln zum Perfekt und Plusquamperfekt

▶ **Perfekt mit dem Hilfsverb „haben":**

1) die Mehrzahl der Verben, regelmäßige und unregelmäßige, bilden das Perfekt mit „haben"

2) alle reflexiven Verben bilden das Perfekt mit „haben"

▶ **Perfekt mit dem Hilfsverb „sein":**

1) Verben des Ortswechsels von A nach B oder von B nach A (ohne Akkusativergänzung, sonst mit haben)
Beispiel: *Er ist gefahren.* ***ABER****: Er hat* **das Auto** *in die Garage gefahren.*

2) Verben mit Zustandswechsel (ohne Akkusativergänzung, sonst mit haben),
Beispiel: *Der Ast ist unter der Last gebrochen.* ***ABER****: Er hat* ***den Ast*** *in zwei Stücke gebrochen.*

3) Ereignisverben in der 3. Person ohne Akkusativergänzung
Beispiel: *es ist gelungen, geschehen, passiert*

4) Ausnahmen: sein, bleiben und werden
Beispiel: *Ich bin dort gewesen. Wir sind noch lange geblieben. Es ist doch noch ein schöner Abend geworden*

▶ **Die Silbe „ge"**

1) Untrennbare Verben auf **be-, emp-, ent-, er-, ge-, hinter-, miss-, ver-, zer-** sowie auf **aus-, durch-, über-, unter-, um-, wieder-, und wider-**, sofern sie **untrennbar** sind, und Verben auf ***-ieren*** haben kein ***-ge*** im Perfekt
Beispiel: *begonnen, unternommen, organisiert*

2) Trennbare Verben haben ***-ge-*** zwischen Vorsilbe und Verbstamm
Beispiel: *mitgebracht*

Unbedingt beachten:
Bei Verben, die mit einem Infinitiv verwendet werden (z.B. Modalverben, lassen), wird nicht das Partizip Perfekt, sondern der Infinitiv angehängt:
Beispiel: *Ich lasse mir die Haare schneiden.* ⇨ *Ich* ***habe*** *mir die Haare* ***schneiden lassen.***
Er kann nicht kommen. ⇨ *Er* ***hat*** *nicht* ***kommen können.***

▶ **Plusquamperfekt**

1) es gelten dieselben Regeln wie für das Perfekt

2) das Hilfsverb haben oder sein erscheint im Präteritum: **hatte** bzw. **war**
Beispiel: *Er hatte die Verabredung vergessen. Sie war dort schon einmal gewesen.*

Unbedingt beachten:
Obligatorische Verwendung des Plusquamperfekts bzw. Perfekts bei Nebensätzen mit „nachdem"
Beispiele: *Nachdem die Straße geräumt worden war, löste sich der Stau auf.*
Nachdem sie ihre Einkäufe gemacht haben, trinken viele noch einen Kaffee in einem der umliegenden Lokale.

Tipp:
Wenn sie einen Text lesen, suchen Sie die Verben heraus und konjugieren Sie diese in den Zeitformen des Präsens, des Präteritums und des Perfekts.

① Präsens und Präteritum

Konjugieren Sie die folgenden Verben im Präsens und Präteritum in der 3. Person Singular und ergänzen Sie dann die Sätze mit den Verben in der richtigen Form.

a) senden (unregelmäßig) .... **b)** unterschreiben. ....

c) bitten .... **d)** fliehen ....

e) herstellen .... **f)** produzieren ....

g) handeln .... **h)** unterrichten. ....

1) In diesen Pilotschulen .... ausschließlich zweisprachige Lehrer.

2) Im vergangenen Jahr .... etwa 30.000 Flüchtlinge um Asyl.

3) Viele .... unter schlimmen Bedingungen aus ihrer Heimat.

4) Traditionell .... die Bewohner dieser Region mit Gewürzen und Arzneipflanzen.

5) Im vergangenen Jahrhundert .... die ansässigen Kleinunternehmer vor allem Seide und Wolle.

6) Heute .... dort einige Großbetriebe nur noch billige synthetische Garne ....

7) Sabine .... ihren Lebens auf vergangene Woche per Fax an die Firma.

8) Heute .... sie endlich ihren Lehrvertrag.

② Perfekt und Plusquamperfekt

Konjugieren Sie die folgenden Verben im Perfekt und Plusquamperfekt in der 3. Person Singular und ergänzen Sie dann die Sätze mit den Verben in der richtigen Form.

a) erkennen .... **b)** beobachten ....

c) sich anfühlen .... **d)** duften ....

e) hocken .... **f)** knien ....

g) rennen .... **h)** bücken ....

1) Nachdem sie sich .... hatte, um den Stift aufzuheben, spürte sie einen stechenden Schmerz im Rücken.

2) Vom Fenster aus hat er die Vögel ...., die sich auf dem Fensterbrett niedergelassen hatten.

3) Zuerst hatte er seinen alten Freund nicht ...., so sehr hatte er sich verändert.

4) Die Kinder kamen außer Atem zu Hause an, nachdem sie die ganze Strecke .... waren.

5) Im ganzen Haus hat es nach frisch gebackenem Brot ....

6) Die Ersatzspieler hatten sich an den Spielfeldrand .... und warteten auf ihren Einsatz.

7) Als Geste der Demut hatte der Kanzler vor dem Mahnmal .... und einen Kranz niedergelegt.

8) Die Kinder mussten bei dem Experiment beschreiben, wie sich das jeweilige Material beim Betasten .... hat.

Erinnern Sie sich?
Der Imperativ

Übersicht 5: Imperativ

Regeln zum Imperativ
1) Anrede mit „du“: 2. Person Singular ohne Präsensendung und Pronomen *anbieten ⇨ du bietest an ⇨ Biete den Gästen ein Glas Wein an!* *verderben ⇨ du verdirbst ⇨ Verdirb uns nicht die Laune!*
2) Anrede mit „ihr“: 2. Person Plural ohne Pronomen *anbieten ⇨ ihr bietet an ⇨ Bietet den Gästen ein Glas Wein an!* *verderben ⇨ ihr verderbt ⇨ Verderbt uns nicht die Laune!*
3) Anrede mit „Sie“: 3. Person Plural, Pronomen und Verb wechseln die Plätze *anbieten ⇨ Sie bieten an ⇨ Bieten Sie den Gästen ein Glas Wein an!* *verderben ⇨ Sie verderben ⇨ Verderben Sie uns nicht die Laune!*

Aufgabe 2

① Ergänzen Sie die Sätze mit den passenden Verben im Imperativ.

1) Deine Großeltern müssen jetzt abreisen. . . . . Abschied von ihnen.

2) . . . . euch klare Ziele und arbeitet auf sie hin.

3) . . . . Sie bitte Herrn Müller Bescheid, dass ich ihn kurz sprechen möchte.

4) . . . . Schluss mit dem Lärm! Wie soll man denn dabei arbeiten?

5) . . . . dich und deine Freunde nicht unnötig in Gefahr!

6) . . . . keine leeren Versprechen.

② Ergänzen Sie die Sätze mit den passenden Verben im Imperativ. Die zweite Lücke bleibt eventuell frei.

1) . . . . sich bitte mit Ihrem Personalausweis . . . . . ., bevor Sie das Gebäude betreten.

2) . . . . bitte deinen Nachnamen . . . .

3) . . . . bitte Ihre Klausuren . . . .

4) . . . . euch doch mal kurz eurem neuen Trainer . . . .

5) . . . . euch vor der Kälte . . . . . . und . . . . eure Schals und Handschuhe . . . .

6) . . . . die Straße immer an der Ampel . . . . . ., dann passiert dir nichts.

7) . . . . Sie bitte Ihre Fahrkarte . . . . . . beim Besteigen des Busses.

Aufgabe 3 - Textrekonstruktion

① **Was bedeuten die folgenden Verben?**

1	*E*	ausdrücken	A	nach etwas beurteilen
2		begegnen	B	jemanden auf etwas aufmerksam machen
3		bezeichnen	C	darstellen, ausmachen, sein
4		bilden	D	besitzen, haben
5		hinweisen	E	sich verständlich machen, kommunizieren
6		lassen	F	aussprechen, mit Worten oder anderen Signalen zum Ausdruck bringen
7		lernen	G	antreffen, stoßen auf
8		messen an	H	blockieren, unterbinden
9		nutzen	I	sich einprägen, durch Ausprobieren und Erfahrung wissen
10		sein	J	beschreiben
11		sprechen	K	dazu bereit sein, bestimmte Aufgaben zu erfüllen
12		übernehmen	L	bemerken, mit den Sinnen aufnehmen
13		verfügen über	M	sich befinden
14		verhindern	N	geben, zugestehen
15		wahrnehmen	O	verwenden, von etwas Gebrauch machen

② Ergänzen Sie die Sätze mit den fehlenden Verben aus ①.

Die motorische Entwicklung unserer Kinder

Die motorische Entwicklung von Kindern *(0)* enorm wichtig. Der Entwicklungspsychologe Piaget **(1)** die ersten beiden Jahre der kognitiven Entwicklung als sensomotorische Phase und **(2)** damit darauf hin, dass die intellektuelle Entwicklung auf einer guten Entwicklung der Wahrnehmung und der Bewegung basiert. Nur wenn das Kleinkind **(3)**, wie es über seine Sinne die Umwelt adäquat **(4)**, wird es diese später auch verstehen. Und nur dann, wenn es lernt, wie es sich über seinen Körper **(5)**, wird es später dazu in der Lage **(6)**, sich auch verbal anderen Menschen mitzuteilen. Körper und Bewegung **(7)** also auch Basis für die sprachliche Entwiclung. Kinder **(8)** im ersten Lebensjahr noch nicht über die Möglichkeit, sich sprachlich auszudrücken. Sie „**(9)**" mit ihrem Körper. Kinder **(10)** ihren Körper aber auch, um ihre Umwelt zu erobern, der sie mit großer Neugierde **(11)**. Hier müssen die engsten Bezugspersonen Verantwortung **(12)**: sie müssen zulassen, dass sich der natürliche Forscherdrang des Kindes entfalten kann. Wenn die Eltern dem Kind immer alles aus dem Weg räumen und sie seine Bewegungen unterdrücken, **(13)** sie jedoch diese Entwicklungen. Entwicklung muss also ermöglicht, darf jedoch nicht erzwungen werden. Zum Beispiel können Kinder mit zehn Monaten noch nicht frei stehen, da der Muskelapparat, die Bänder und Sehnen noch nicht genügend ausgebildet sind. „**(14)** mir Zeit", schreibt deshalb Emmi Pikler, eine Kinderärztin, in ihrem gleichnamigen Buch und plädiert dafür, dass die Eltern den Kindern mehr Zeit für ihre Entwicklung lassen und dass sie sie nicht so rigide an den bekannten Entwicklungsskalen **(15)**.

0) *ist*
(1) be_____
(2) we_____
(3) le_____
(4) wa_____
(5) au_____
(6) se_____
(7) bi_____
(8) ve_____
(9) sp_____
(10) nu_____
(11) be_____
(12) üb_____
(13) ve_____
(14) La_____
(15) me_____

Aufgabe 4 - Textrekonstruktion

Ergänzen Sie mit den folgenden Wörtern den Text. Zwei Verben bleiben übrig.

funktioniert / kostet / nannte / überzeuge / kann / anwende / verursachte / ~~war~~ / nahm / nutzt / trug / hatten / ging / annehme / geworfen / kam / hatte / warf / ergriff / half / werfe

Wie ich mich selbst überlistet habe

Ich *(0)* schon immer ein unordentlicher Mensch. Der Gedanke aufzuräumen (1) bei mir Schwindel und schlechte Laune. Bis sich eines Tages so viele Dinge angesammelt (2), dass es einfach nicht weiterging und der Tag (3), an dem ich mich selber überlistete.
Als ich wieder keine Lust hatte, in der nächsten Stunde Tische und Stühle freizuräumen, (4) mir ein kleiner Trick, den ich die „Jedes-Mal-ein-Ding"-Taktik (5).
Sobald ich zum Beispiel von meinem Wohnzimmer aus in Richtung Küche (6), (7) ich das herumstehende leere Glas vom Wohnzimmertisch mit und (8) es in die Küche. Wenn ich auf dem Weg von der Küche ins Bad an dem Stuhl vorbeikam, auf den ich lässig meinen Mantel (9) hatte, hing ich ihn bei der Gelegenheit an die Garderobe. Und als ich aus dem Bad kam, (10) ich im Hinausgehen endlich die leere Shampoo-Flasche, die ich schon so lange zum Recycling bringen wollte, und (11) sie in die richtige Mülltonne.
Damit (12) ich mühelos und im wahrsten Sinnes des Wortes im Vorbeigehen drei Dinge an ihren Platz geräumt, worauf die Wohnung gleich besser aussah.
Ich weiß, die „Jedes-Mal-ein-Ding" Taktik ist banal und wenig systematisch, aber trotzdem effektiv. Sie (13) überall, sie sorgt auf meinem Schreibtisch genauso für Ordnung wie im Keller oder im Garten.
Größere Überwindung (14) es mich, mich von Dingen zu trennen, wie alte Kleider oder Sachen, von denen ich (15), dass sie noch nützlich sein könnten. Aber statt dass ich mich bei jedem Ding von seinem angeblichen Nutzen (16), fragte ich mich nun, warum ich sie eigentlich behalten soll und (17) sie dann schnell und entschlossen weg.Seitdem ich diese Taktik (18), gibt es in meiner Wohnung mehr Platz, weniger Schwindel und noch weniger schlechte Laune.

(0) *war*
(1) ____________
(2) ____________
(3) ____________
(4) ____________
(5) ____________
(6) ____________
(7) ____________
(8) ____________
(9) ____________
(10) ____________
(11) ____________
(12) ____________
(13) ____________
(14) ____________
(15) ____________
(16) ____________
(17) ____________
(18) ____________

Aufgabe 5 - Fehlerkorrektur Präsens und Präteritum

Korrigieren Sie die Fehler im Text.

Sehr geehrte Damen und Herren,	
in meiner Tageszeitung *leste* ich gestern einen Artikel über Ihre	(0) *las*
Lebensmittelretter-Aktion in unserer Stadt. Ich wäre von der Idee ganz	(1) ________
begeistert und mochte auch gerne an einem solchen Foodsharingprojekt	(2) ________
teilnehmen, weil es mich sehr stört, wenn man Lebensmittel, die noch	
gegessen werden können, fortwerft.	(3) ________
Ich persönlich achtet sehr darauf, nichts Essbares wegzuwerfen, sodass ich Ihnen keine	(4) ________
Lebensmittel zur Verfügung stelle kann. Ich möchte aber aktiv	(5) ________
dabei helfen, Lebensmittel von Supermärkten, Bäckern, Obst- und	
Gemüseläden usw. einzusammeln. Dazu habte ich aber ein paar Fragen. Wie viele	(6) ________
Stunden in der Woche arbeit ein Helfer? Kann ich mir das aussuchen oder gibt es einen	(7) ________
festen Plan? Ich möchte auch fragen, ob es Fahrzeuge des Vereins geben, oder ob Sie die	(8) ________
Fahrzeuge der Helfer verwenden, wenn wir die Lebensmittel sammlen?	(9) ________
Es wäre schön, wenn Sie mir bald antwortet.	(10) ________
Mit freundlichen Grüßen	
Anita Krabs	

Aufgabe 6 - Fehlerkorrektur Perfekt und Plusquamperfekt

Korrigieren Sie die Fehler im Text.

Sehr geehrte Damen und Herren,	
leider hat sich mit meinem Handyvertrag ein Problem *ergegeben.*	(0) *ergeben*
Ich habe in einem Ihrer Geschäfte einen Vertrag über das	
Mobilfunkpaket Smart 3 abgeschließen. Nachdem ich heute meine	(1) ________
erste Rechnung bekommen habe, musste ich feststellen, dass dort	(2) ________
leider andere Preise und Konditionen genannt werden als die,	
die ich mit ihrem Mitarbeiter vereinbaren habe und die in meinem Vertrag	(3) ________
stehen. Besonders über den monatlichen Grundbetrag, den ich	
angeblich zahlen muss, bin ich mich besonders geärgert, denn mein	(4) ________
Vertragspaket sieht ausdrücklich keinen solchen Grundbetrag vor.	
Ich habe mich an die Mitarbeiter in dem Geschäft gewendet, in dem	(5) ________
ich vor einem Monat den Vertrag unterschreiben hatte, aber sie sagten	(6) ________
mir dort, dass sie nach Vertragsabschluss nicht mehr zuständig sind.	
Man habt mir aber in dem Geschäft Ihre E-Mail-Adresse	(7) ________
für meine Reklamation geben.	(8) ________
Aus diesem Grund schreibe ich Ihnen nun und bitte darum, dass Sie	
mir eine korrekte Rechnung auf der Grundlage des Mobilfunkpakets Smart 3	
ausstellen. Ich habe dieser E-Mail eine Kopie meines	
Vertrages angehangen.	(9) ________
Nachdem Sie mir die neue Rechnung zugesandt hatte, bezahle ich sie sofort.	(10) ________
Mit freundlichen Grüßen	
Klaus Baumgartner	

Erinnern Sie sich?

Grammatik der trennbaren Verben

Übersicht 6: Trennbare Verben

Regeln zu den trennbaren und untrennbaren Verben	
1)	trennbare Verben werden nur im Hauptsatz (Satzklammer) im Präsens und Präteritum getrennt Beispiel: *Paul fährt heute los. Das Leben ging weiter.*
2)	trennbare Verben werden immer auf der Vorsilbe, also dem Verbteil, der getrennt wird, betont:
⇨	immer trennbar sind *ab-, an-, auf-, aus-, bei-, ein-, fest-, fort-, los-, mit-, nach-, vor-, weg-, weiter-, vor-, vorbei-, zu-, zurück-, zusammen* sowie *her-, heraus-, herein-, herüber-, herunter-, hervor-, hin-, hinein-, hinauf-, hinaus-, hinunter-*
⇨	trennbar sein können *durch-, über-, unter-, um-, wieder-, wider-*
3)	Im Partizip Perfekt tritt die Silbe **-ge-** zwischen die Vorsilbe und Verbstamm Beispiel: *Die Eltern sind gestern zurückgekommen.*
4)	Steht das Verb rechts in der Satzklammer, wird die Vorsilbe nie getrennt. Beispiel: *Die Eltern wollen morgen zurückkommen.*
5)	Steht das getrennte Verb in einem Nebensatz, wird die Vorsilbe nicht vom Stamm getrennt. Beispiel: *Wir erwarten, dass die Eltern morgen zurückkommen.*
6)	Wie trennbare Verben verhalten sich auch Kombinationen aus sein + Adverb, z.B. *los sein, dran sein* Beispiel: *Hier ist vielleicht etwas los! Welcher Kunde ist denn jetzt dran?*

Tipp:
Nehmen Sie sich einen beliebigen Infinitiv und schauen sie im Lexikon nach, ob und mit welchen Präfixen er kombiniert werden kann. Notieren Sie in Texten immer den Infinitiv trennbarer Verben am Rand.

Aufgabe 7: Ordnen Sie die passenden Vorsilben zu

①

ab/ an / auf /aus / dran / ein / los / um / weg / zusammen

1) Wer das Produkt nicht mag, *tauscht* es noch am selben Tag *um*.

2) Füllen Sie das Formular bitte vollständig . . . .

3) Online-Händler bieten eine Fülle von verschiedenen Waren und Dienstleistungen . . . .

4) In zwei Wochen geht die Reise nach Botswana . . . .

5) In diesem Wohnprojekt leben Menschen aller Generationen unter einem Dach . . . .

6) Nach einem aufregenden Tag im Wald schliefen die Kinder schnell . . . .

7) Niemand wirft gerne alte Kleidung . . . . , die eigentlich noch vollkommen in Ordnung ist.

8) Niemand passt wirklich . . . ., wenn der Unterricht durchgehend monoton gestaltet ist.

9) Nun seien endlich einmal die anderen . . . . , die, die immer geduldig im Hintergrund warteten, versprach ein Sprecher der Vereinigung „Durchschnittsmensch".

10) Schaltet man seine elektronischen Geräte bewusst mehrmals am Tag . . . ., gewinnt man messbar an Lebenszeit.

② **Finden Sie die passenden Verben**

bereiten / fallen (2x) / gehen / halten / lehnen / nehmen (2x) / schließen / teilen /

1) Viele . . . . bereits eine sachliche Diskussion über das Problem ab.
2) Nur selten . . . . man die schüchternen Tiere in ihrer natürlichen Umwelt wahr.
3) Bei den diesjährigen Prüfungen . . . . nur wenige Kandidaten durch.
4) Die Polizei . . . . in der Nacht von Sonntag auf Montag vier Tatverdächtige fest.
5) Die Mannschaft aus Schweden . . . . im Finale mit ihrem Solarauto zu den führenden Spaniern auf.
6) Viele Teilnehmer . . . . den Diätplan ein und freuten sich am Ende über den Erfolg ihres mühevollen Versuchs.
7) Mittlerweile . . . . sich viele Männer selbst ihr Mittagessen vor.
8) Die Agentur . . . . den Kandidaten mit, wann sie bei einer Szene als Komparsen gebraucht werden.
9) Die Polizei . . . . zur Aufklärung des Verbrechens jedem noch so unbedeutendem Hinweis nach.
10) Nicht selten . . . . bei starker Hitze wegen des erhöhten Verbrauchs der Strom auf.

Aufgabe 8 - Textrekonstruktion trennbare Verben

Ergänzen Sie den Text mit den passenden Verben aus dem Kasten!

aufhalten / ausstrahlen / auswählen / beieinander sein / einschätzen / feststellen / hinweisen / kalt / dick / schwieriger / sein / stattfinden / teilnehmen / zubereiten / zusammensitzen

Zu Hause _(0)_ die Küche immer öfter kalt Man mag es kaum glauben: Viele Fernsehsender (1) täglich Kochsendungen aus, doch das gemeinsame Essen zu Hause (2) kaum mehr statt. Burger, Döner, Riegel und Chips – die neue Esskultur der jungen Generation ist nicht mehr an feste Plätze gebunden, sondern erfolgt unterwegs, auf der Straße, in Bussen und Bahnen, nebenbei beim Fernsehen oder im Kino. Doch Experten (3) auf die Folgen der beunruhigenden Entwicklung hin. „Wenn es das gemeinsame Abendessen in der Familie nicht schon gäbe – man müsste es rasch erfinden, so gut funktioniert es!", sagen Ernährungsexperten. „Man (4) am Tisch zusammen, die Stimmung ist angenehm und weil man beieinander (5), kann man das tun, was Menschen ohnehin täglich mehrere Stunden tun, nämlich miteinander reden". Auch das Wissen darüber, was, wie und warum gegessen wird, wird den Kindern am Familientisch vermittelt, sagen Ernährungsexperten. „Aus der Fülle an Lebensmitteln muss der Konsument richtig (6) und zu Hause muss man das Essen (7) und kochen, damit eine gesunde Mahlzeit auf den Familientisch kommt. Dazu sind Wissen und Kompetenzen erforderlich. Die Kinder lernen von den Eltern, was diese als 'richtig' und 'falsch', 'gesund' oder 'ungesund (8) und was schmeckt und was nicht. Die gemeinsame Mahlzeit mit der Familie ist indessen längst keine Selbstverständlichkeit mehr. Wegen der zunehmenden Berufstätigkeit beider Elternteile und flexiblerer Arbeitszeiten wird es immer (9), gemeinsame Familienzeiten und Mahlzeiten zu organisieren. Zuhause bleibt deshalb immer häufiger die Küche (10). Dies zeigen auch die Ergebnisse einer Umfrage: Nur noch 26 Prozent der deutschen Jugendlichen zwischen 14 und 16 Jahren nehmen einer Umfrage zufolge mehrmals täglich an gemeinsamen Familienmahlzeiten (11). Weitere 31 Prozent sitzen zumindest einmal am Tag mit den Eltern am gemeinsamen Tisch. Der Rest noch seltener. Dabei (12) gemeinsame Mahlzeiten auch aus aktueller gesundheitlicher Sicht extrem wichtig, stellen Fachleute (13). Kinder, die regelmäßig im Familien- oder Verwandtenkreis essen, werden seltener (14). Nanu? Schlank durchs Essen? Sonst wird doch eher das Gegenteil behauptet: schlank durch Sport, durch Fasten, durch Hypnose, durch Yoga, durch eine Operation oder durch Schlafen etwa. Doch es stimmt wirklich: Das gemeinsame Essen hält tatsächlich eine übermäßige Gewichtszunahme (15). Das liegt vor allem daran, dass wir alle außer Haus häufiger und unkontrollierter essen und deshalb zu Übergewicht neigen, während bei gemeinsamen Mahlzeiten das Essen meistens überschaubar ist.	(0) *bleibt* (1) st (2) fi (3) we (4) si (5) i (6) au (7) zu (8) ei (9) schw (10) k (11) t (12) s (13) f (14) d (15) a

Aufgabe 9 - Fehlerkorrektur trennbare und untrennbare Verben

Korrigieren Sie die Fehler im Text!

Sehr geehrte Damen und Herren,	
über die Presse habe ich von der Erfindermesse *ergefahren*, die jährlich in Nürnberg	(0) *erfahren*
findet statt und bei der ambitionierte Erfinder Fachleuten ihre neuesten Entwicklungen	(1) ____________
und Patente vorstellt können. Ich selbst arbeite mit drei Kommilitonen zusammen an	(2) ____________
einem Forschungsprojekt zur Energieeinsparung in der Schifffahrt. Dabei sind	
gekommen erstaunliche Ergebnisse heraus, die wir auf den Rat unseres Professors hin	(3) ____________
der interessierten Öffentlichkeit präsentieren wollen. Außerdem möchten wir uns um	
den mit 10.000 € dotierten Preis für Nachwuchsforscher werben, der dieses Jahr von	(4) ____________
der P.-J-Stiftung vergegeben wird. Dazu habe ich aber einige Fragen. Wie können wir	(5) ____________
als Nachwuchsforscher am Auswahlwettbewerb teilgenommen? Welche Unterlagen	(6) ____________
müssen wir Ihnen schicken zu? In welcher Form soll die Präsentation unserer Erfin-	(7) ____________
dungen gedurchführt werden? Und zuletzt, wie können wir unsere Entwicklungen	(8) ____________
davor schützen, kopiert zu werden? Wir sind ja noch nicht so weit, dass wir ein Patent	(9) ____________
hierzu anmeldet haben, sondern wir haben bisher nur einige Prototypen entgewickelt.	(10) ____________
Über eine Antwort würde ich mich freuen.	
Mit freundlichen Grüßen	
Ruprecht Hackried	

Erinnern Sie sich?
Konjugation der Verben im Futur I und Futur II

Übersicht 7: Futur I und Futur II

Übersicht zum Futur I und zum Futur II
Das **Futur 1** wird mit dem konjugierten Hilfsverb „werden“ und dem Vollverb im Infinitiv gebildet, man benutzt es, um Zukunftsprognosen und Vermutungen zum Ausdruck zu bringen. Beispiel: *Morgen wird es regnen.*
Das **Futur 2** wird mit dem konjugierten Hilfsverb „werden“ in Verbindung mit dem Partizip 2 und den Verben sein oder haben gebildet, man benutzt es, um eine Vermutung in Bezug auf ein vergangenes Geschehen auszudrücken. Beispiel: *Er wird das Paket abgeholt haben.* | *Sie wird nach Bonn gefahren sein.*

① Bilden Sie zu den folgenden Verben das Futur 1 und das Futur 2

1) verbrauchen ....

2) verhindern ....

3) herrschen ....

4) beschließen ....

5) verteidigen ....

6) untersuchen ....

7) verurteilen ....

8) festnehmen ....

9) entlassen ....

① Setzen Sie die Verben aus ② in der richtigen Form ein

1) Man wird die Ressourcen innerhalb der kommenden fünf Jahrzehnte . . . . haben.

2) Forscher werden die gestrandeten Wale . . . .

3) Der Staat wird zahlreiche Arbeitnehmer im Gesundheitsbereich . . . .

4) Die ausgeklügelten Bewässerungssysteme werden eine weitere Wasserverschwendung . . . .

5) In Zukunft werden im sozialen und im Vorsorgebereich bessere Verhältnisse . . . .

6) Der Angeklagte wird sich erfolgreich gegen die Vorwürfe . . . . haben, sonst wäre er nicht freigesprochen worden.

7) Der Ausschuss wird aller Voraussicht nach . . . ., die Finanzierung der Windkraftanlage zu finanzieren.

8) Das Gericht wird die ehemaligen Minister . . . . haben, weil die Beweislage eindeutig war.

9) Die Polizei wird die Täter deshalb so schnell . . . . haben, weil ihr Fluchtauto defekt war.

Erinnern Sie sich?

Konjugation der Verben im Konjunktiv II und im Konjunktiv I

Übersicht 8: Konjunktiv II und Konjunktiv I

Übersicht zum Konjunktiv 2 und zum Konjunktiv 1

Bildung des Konjunktiv 2:

Präsens

- **unregelmäßige Verben**
  An das Präteritum des Verbs wird die Konjunktiv-2-Endung angehängt: -e, -est, -e, -en, -et, -en
  Beispiel: *gehen ⇨ ging ⇨ ginge*
- regelmäßige Verben:
  Hilfsverb werden im Konjunktiv 2 + Infinitiv:
  Beispiel: *sagen ⇨ ich würde sagen*

Vergangenheit

- Konjunktivform von sein bzw. haben und Partizip Perfekt
  Beispiel: *er wäre gegangen | sie hätte gesagt*

Konjunktiv 2 von haben, sein und werden

- ich hätte, du hättest, er/ sie/ es hätte, wir hätten, ihr hättet, Sie/ sie hätten
- ich wäre, du wärst, er/ sie/ es wäre, wir wären, ihr wärt, Sie/ sie wären
- ich würde, du würdest, er/ sie/ es würde, wir würden, ihr würdet, Sie/ sie würden

Bildung des Konjunktiv 1:

Präsens

- sein: *ich sei, du sei(e)st, er sei, wir seien, ihr seiet, Sie / sie seien*
- haben (z.T. im Konjunktiv 2): *ich hätte, du habest, er habe, wir hätten, ihr habet, Sie / sie hätten*
- vor allem dritte Person Singular: Infinitiv ohne **–n**: *er sage, sie schreibe, es spiele*

Perfekt

- Hilfsverb haben bzw. sein im Konjunktiv 1:
  Beispiel: *sie sei nach Bonn gefahren | er habe den Artikel geschrieben*

Aufgabe 11

① Bilden sie zu den folgenden Verben den Konjunktiv 2 und den Konjunktiv 1 (Präsens und Vergangenheit)

a) verhandeln ....

b) zunehmen ....

c) importieren ....

d) exportieren ....

e) produzieren / herstellen ....

② Setzen Sie die Verben aus ① in der richtigen Form ein

1) Im Jahresbericht der Organisation heißt es, die Nachfrage habe langsam aber stetig ....

2) Das Land .... zwar viele Waren aus dem Ausland, doch .... es auch immer mehr eigene Produkte.

3) Hätten die Beteiligten über das strittige Thema früh genug ...., hätten nachteilige Auswirkungen verhindert werden können.

4) Der Verband der Seidenproduzenten gab bekannt, dass seine Mitglieder dank der neuen Infrastrukturmaßnahmen nun wieder genug Seide für den Export .... könnten.

Aufgabe 12: Futur

Setzen Sie die richtigen Hilfsverben oder Verben aus dem Kasten ein.

erfahren / erleichtern / eröffnen / ersetzen, verdrängen / haben / kaufen / machen, wagen / spielen / werden (3x) / wird (3x)

Einkaufen in der Zukunft: Online und offline werden eins	
Wo *(0)* Sie in Zukunft einkaufen? Werden Sie noch im Laden um die Ecke (1) oder werden Sie am liebsten übers Netz shoppen? Das Einkaufen der Zukunft wird mit beidem zu tun (2): Zwar (3) immer mehr online passieren, aber manche Online-Shops werden auch den Schritt zurück „ins echte Leben“ (4).	*(0)* *werden* (1) ________ (2) ________ (3) ________ (4) ________
Neue Kleider zu kaufen, ist viel Arbeit: sich ins Auto oder in die Bahn setzen, in die Innenstadt fahren, sich durch Menschenmassen quetschen, sich durch die Geschäfte schlängeln, Kleider aussuchen, in die Umkleidekabine laufen, anprobieren und kombinieren – und sich danach in die Kassenschlange stellen.Es hat seine Gründe, warum das Online-Shopping seit Jahren einen Boom erlebt. Die Ideen, wie dies für uns Kunden in Zukunft einfacher (5), sind noch lange nicht zu Ende gedacht. Zwei Trends werden hier wohl eine große Rolle (6): praktische Apps, mit denen wir die Online-Shops rund um die Uhr mit uns tragen werden, sowie Online-Shops, die traditionelle Geschäfte (7) werden.	(5) ________ (6) ________ (7) ________
Die neuen Apps, die bei Online-Händlern Anwendung finden sollen, (8) dem Kunden vor allem die Produkte, die er in Wirklichkeit ja nicht sieht, so nahe wie möglich bringen, damit er seine Kaufentscheidung treffen kann. Sie werden ihm auch die Auswahl (9), wenn er etwas ganz Bestimmtes sucht. Und dann (10) es noch die Händler geben, die durch das Internet bekannt geworden sind und später Filialen in den Städten (11) werden, um dem Kunden auch ein traditionelles Verkaufserlebnis und eine bessere Beratung oder eine Kombination aus Online-Kauf und Kauf vor Ort bieten.	(8) ________ (9) ________ (10) ________ (11) ________

Es ist anzunehmen, dass in Zukunft weitere Händler diesen Weg des so genannten Cross-Channel-Shoppings gehen __(12)__. Die vielen neuen Möglichkeiten der Apps haben aber auch einen Nachteil. Wir __(13)__ in Zukunft mehr und mehr zu einem gläsernen Kunden werden, denn mit den Daten aus Apps, mit denen sich Produkte zum Beispiel scannen lassen, damit wir Bonuspunkte erhalten, werden die Händler immer mehr über unsere Vorlieben __(14)__, als das bisher möglich war. Deshalb muss sich jeder Käufer fragen, ob die Prämien und Vorteile es wert sind, uns vor den Unternehmen gläsern zu machen.	(12) ________ (13) ________ (14) ________

Aufgabe 13 - Konjuktiv und Indikativ

Setzen Sie die korrekten Verben (Hilfsverben und Vollverben) ein. Zwei Verben bleiben übrig.

beschäftigen / fühlte / gäbe / gegangen / gelänge / gestorben / gewandt / hätte/ hätten / hättest / kommen / lächelte / laufe / nähere / nähme / sei / steht / stellt / stört / wäre / würde (2x)

Die Geschichte vom Konjunktiv – eine hypothetische Geschichte Vergnügt __(0)__ Vater und Sohn durch den Sprachzoo. Schließlich kamen sie vor dem Käfig mit dem Konjunktiv an. „Der sieht immer so traurig aus", sagt der Sohn voller Mitgefühl, „der kann einem richtig Leid tun!" - „Er __(1)__ sich bestimmt wohler fühlen, wenn es jemanden geben würde, der sich mit ihm __(2)__ würde", sagt der Vater. Daraufhin stößt der Konjunktiv einen herzerweichenden Klagelaut aus. Der Sohn nickt und sagt: „Vielleicht __(3)__ er sich tatsächlich wohler, wenn es jemanden __(4)__, der sich mit ihm unterhielte." Da hob der traurige Konjunktiv den Kopf, schaute den Jungen an und __(5)__ dankbar. „Eine hübsche Geschichte", sagt mein Freund Henry, einer meiner schärfsten Kritiker, „aber mich __(6)__ das Happy End. Das ist mal wieder typisch für deine Sentimentalität, geht aber an den Realitäten völlig vorbei. Tatsache ist doch: Der Konjunktiv ist vom Aussterben bedroht. Wenn du beschrieben __(7)__, wie Vater und Sohn vor einem leeren Käfig stehen, weil der Konjunktiv vorige Woche gestorben ist, dann __(8)__ die Geschichte glaubwürdiger." Ich bin nicht immer Henrys Meinung, manches sieht er ein wenig zu drastisch, aber in einem Punkt hat er Recht: Der Konjunktiv macht keine großen Sprünge mehr.Mein Freund Henry __(9)__ mit seiner Meinung natürlich eine Ausnahme dar. In der gesprochenen Sprache ist der Konjunktiv fast ausschließlich in der „würde"-Form zu finden: „Ich würde gerne am Freitag __(10)__ " statt „Ich käme gerne am Freitag". „Man erzählt sich, sie __(11)__ in einer Bar arbeiten" statt „Man erzählt sich, sie arbeite in einer Bar". „Das würde ich dir übel nehmen" statt „Das __(12)__ ich dir übel".Bei unserem nächsten Treffen gebe ich Henry die überarbeitete Geschichte vom Vater und Sohn im Sprachzoo zu lesen. Dort __(13)__ nun: „Wären Vater und Sohn auch an diesem Sonntag in den Sprachzoo __(14)__, hätten sie sich sehr gewundert, denn sie __(15)__ den Käfig mit dem Konjunktiv leer vorgefunden. Besorgt hätten sie sich an den Wärter __(16)__ und ihn gefragt, ob der traurige Konjunktiv womöglich __(17)__ sei. Doch der Wärter hätte sie beruhigt. Er sei letzte Nacht ausgebrochen, hätte er ihnen berichtet, und __(18)__ nun Amok durch die Stadt. Der Polizei gelinge es nicht, ihn einzufangen, wann immer sie sich ihm __(19)__ , springe er auf und davon. Vater und Sohn hätten sich darüber sehr gefreut und gehofft, dass es ihm __(20)__, neue Freunde zu finden, denn dann begönne für ihn ein völlig neues Leben."	*(0) spazierten* (1) ________ (2) ________ (3) ________ (4) ________ (5) ________ (6) ________ (7) ________ (8) ________ (9) ________ (10) ________ (11) ________ (12) ________ (13) ________ (14) ________ (15) ________ (16) ________ (17) ________ (18) ________ (19) ________ (20) ________

Aufgabe 14

Korrigieren Sie die Fehler im Text.

Sehr *geherte* Damen und Herren,	(0) *geehrte*
mit großem Interesse las ich, dass Ihr Verband verschiedene Initiativen ergreifen werd,	(1) ________
um den Flüchtlingen in unserer Stadt zu helfen. Da ich diese Initiativen sehr begrüße,	(2) ________
mag ich hierzu auch beitragen. Als ehemalige Grundschullehrerin konnte ich Flüchtlings-	(3) ________
kindern bestimmt beim Erlernen der deutschen Sprache helfen. Es sei auch denkbar,	(4) ________
dass ich mit Hilfe eines Übersetzers Unterricht in Fächern wie Mathematik, Sachkunde,	
Werken usw. erteile. Darüber hinaus werde ich mich sehr darüber freuen, wenn ich eine	(5) ________
kleine Familie bei mir aufnehmen könnte. Seit meine eigenen Kinder aus dem Haus sind,	
steht unsere Einliegerwohnung im Obergeschoss leer, in der vier Personen sehr gut unter-	
kommen. Mein Mann und ich würden es wirklich schön gefinden, wieder Kinderstimmen	(6) ________
in unserem Garten zu hören!	
In dem Artikel steht auch, dass es möglich war, Flüchtlinge für eine begrenzte Stunden-	(7) ________
zahl in einem Arbeitsverhältnis zu beschäftigen. Da unser Garten sehr groß ist, wäre ich	(8) ________
nichts dagegen, wenn ihn ein Familienmitglied in Ordnung hieltet. Ich war auch gerne	(9) ________
dabei behilflich, je nach Qualifikation der Familienmitglieder für diese nach einer	(10) ________
geeigneten Arbeit bei meinen Freunden und Bekannten zu suchen.	
In Erwartung ihrer Antwort	
Verbleibe ich mit freundlichen Grüßen	
Gertrud Hahn	

Erinnern Sie sich?
Konjunktion der Verben und Zeitformen des Verbs im Passiv

Übersicht 9: Passiv - Präsens, Präteritum, Perfekt (und Plusquamperfekt)

Übersicht zum Passiv: Präsens, Präteritum und Perfekt (+ Plusquamperfekt)
Bildung des Vorgangspassivs: Formen des Hilfsverbs werden + *Partizip Perfekt* ✤ **Präsens** **werden** im Präsens konjugiert + Partizip Perfekt Beispiel: *Der entlaufene Löwe wird gefangen und in Sicherheit gebracht.* ✤ **Präteritum** **werden** im Präteritum konjugiert + Partizip Perfekt Beispiel: *Der entlaufene Löwe wurde gefangen und in Sicherheit gebracht.* ✤ **Perfekt + Plusquamperfekt** **sein** im Präsens / Präteritum konjugiert + Partizip Perfekt + worden Beispiel: *Der entlaufene Löwe ist (war) gefangen und in Sicherheit gebracht worden.*
Bildung des Zustandpassivs: Formen des Hilfsverbs **sein** im Präsens und im Präteritum + Partizip Perfekt ✤ Präsens: ***Beispiel:*** *Der entlaufene Löwe ist gefangen.* ✤ Vergangenheit: ***Beispiel:*** *Der entlaufene Löwe war gefangen.*

Aufgabe 15

① Konjugieren Sie die folgenden Verben im Vorgangspassiv (3. Pers. Sing. Präsens, Präteritum, Perfekt und Plusquamperfekt) und im Zustandspassiv (Präsens, Vergangenheit).

a) erhöhen ....

....

b) kürzen ....

....

c) anheben ....

....

d) senken ....

....

e) entlassen ....

....

f) ersetzen ....

....

g) einstellen ....

....

h) installieren ....

....

i) durchführen ....

....

② Setzen Sie die Verben aus ① in der richtigen Form ein

1) Die Altersgrenze ist um fünf Jahre............ worden, damit auch Jugendliche Zugang zu dem Ausbildungsprogramm haben.
2) Im vergangenen Jahr wurden in dem erst kürzlich eröffneten Freizeitpark zweihundert neue Mitarbeiter ....
3) Das Kunstwerk ist so im Raum .... worden, dass der Betrachter den Eindruck hat es schwebe.
4) Wird die Raumtemperatur ...., fühlen sich die Testpersonen nach kurzer Zeit nervös und unruhig.
5) Die Altersgrenze für die Teilnahme wird aus Sicherheitsgründen auf zwanzig Jahre ....
6) Vor dem Einsatz des neuen Systems wurde ein Testlauf ...., um eventuellen Fehlern auf die Spur zu kommen.
7) Während der Wirtschaftskrise sind vor allem Arbeitnehmer aus dem privaten Sektor .... worden.
8) Die Mittel der Stadt für Kultur und Bildung waren in der Vergangenheit drastisch .... worden.
9) Nun wird das Sparprogramm durch eine bildungsfreundlichere Politik ....

③ Zustandspassiv

Setzen Sie die folgenden Verben im Zustandspassiv ein.

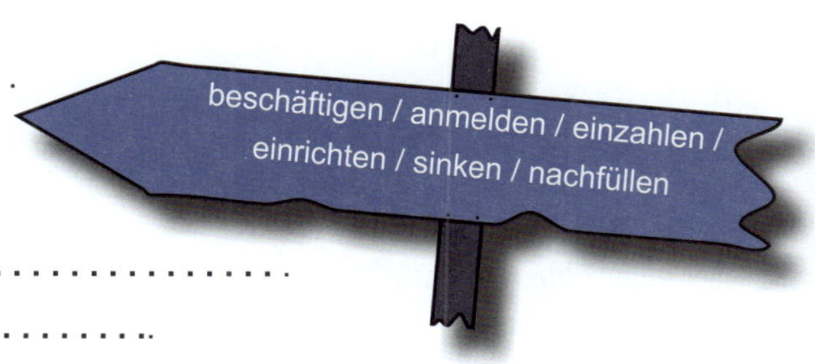

1) Der Rechnungsbetrag .... bereits ....

2) Die Gläser .... schon ....

3) Alle Seminarteilnehmer ....

4) In dem Unternehmen .... fünfhundert Arbeitnehmer ....

5) Der Zugriff auf die Datenbank .... nunmehr ....

6) Die Nachfrage nach Fischkonserven ....

Aufgabe 16 - Textrekonstruktion (Verben Aktiv und Passiv)

Finden Sie die passenden Verben (Hilfsverben und Vollverben)!

beeinflusst / gebildet / geschnitten / gemindert / gesenkt (2x) / gesorgt / ist / lässt / steigt / trainiert / tun / vergessen / verbringen / werden (2x) / wird / worden

Warum uns Buddeln glücklich macht

Gartenarbeit ist ein sinnliches Vergnügen. Es entspannt, ersetzt das Fitness-Studio - und für einige ist die Arbeit im Grünen sogar Therapie.

Wer gärtnert, grübelt nicht. Wenn gesät, gepflanzt und mit den Händen in der Erde gewühlt *(0)*, hat das meditativen Charakter. Wenn die kleinen Setzlinge in neu angelegte Beete versenkt (1), Kräuter (2) werden und wir den frischen Duft schnuppern oder selbst gepflückte Erdbeeren naschen, sind Hektik und Sorgen schnell (3). Gartenarbeit ist ein Erlebnis für alle Sinne. Wahrscheinlich (4) sie deshalb eine der beliebtesten Freizeitbeschäftigungen. Zwei Drittel aller Deutschen jäten, graben und harken, ein Drittel sogar häufig. Natur und Grünanlagen (5), wie von Wissenschaftlern längst herausgefunden (6) ist, Körper und Seele gut. Allein Blumen und Pflanzen anzuschauen wirkt - zusammen mit Naturgeräuschen - entspannend, der Blutdruck wird (7) und Schmerzen werden gelindert. Indem man sich bei Gartenarbeit in frischer Luft und Sonnenschein bewegt, werden Stress und Ängste (8) und wird für ein natürliches Antidepressivum, für gute Laune, Zufriedenheit und Gelassenheit (9). Dabei gilt: Je vielfältiger die Pflanzenwelt ist, desto besser ist das für die Psyche. Und je mehr Zeit Menschen in der Natur (10), desto weniger egoistisch sind sie und desto netter zu ihren Mitmenschen. Doch ein Garten ist nicht nur ein Ort zum Wohlfühlen, er ist auch ein Fitnesszentrum, in dem sich ganz nebenbei etwas für die eigene Gesundheit tun (11). Beim Rasenmähen, Beetehacken und Rosenschneiden (12) alle Muskelgruppen an Armen und Beinen, Rücken und Bauch eingesetzt. So werden Kraft und Beweglichkeit (13), der Kreislauf kommt in Schwung und die Knochen werden gestärkt. Außerdem wird Vitamin D (14), das nicht nur Osteoporose, sondern auch anderen Krankheiten wie Krebs und Herzproblemen vorbeugt. Der Stoffwechsel (15) angekurbelt, sogar das Diabetesrisiko wird (16), und die Blutfette werden positiv (17), das "gute" HDL-Cholesterin (18), während das "böse" LDL-Cholesterin sinkt.

(0) *wird*
(1) ____________
(2) ____________
(3) ____________
(4) ____________
(5) ____________
(6) ____________
(7) ____________
(8) ____________
(9) ____________
(10) ____________
(11) ____________
(12) ____________
(13) ____________
(14) ____________
(15) ____________
(16) ____________
(17) ____________
(18) ____________

Aufgabe 17 - Fehlerkorrektur „werden"

Finden Sie die Fehler (nur „werden")!

Sehr geehrte Damen und Herren,
ab dem kommenden Semester *worde* ich mein Studium der Chemie- und Umwelttechnik an der hiesigen Universität weiterführen. Darum wurde ich mich gerne bei Ihnen um ein Praktikum bewerben, das von den Studenten des fünften Semesters verlangt worden. Mein Studienschwerpunkt wurde im Bereich der Verfahrenstechnik sowie der Qualitätskontrolle liegen. Deshalb werde ich meine praktischen Kenntnisse in diesem Bereich sehr gerne in einem innovativen Unternehmen wie Ihrem erweitern.
Mein Interesse für die Chemie- und Umwelttechnik würde dank des Engagements unseres Chemielehrers bereits während meiner Schulzeit geweckt. Interessierten Schülern wurden damals die Gelegenheit gegeben, zusammen mit der Kommunalverwaltung ein Projekt im Bereich der Abfallverwaltung durchzuführen. Das Projekt unserer Arbeitsgruppe hat später in einem Umweltwettbewerb mit einem ersten Preis ausgezeichnet worden.
Ich war von meinen Lehrern als kooperativer und gründlicher Schüler beschrieben. Darüber hinaus ward es mir besondere Freude bereiten, in einem Team zu arbeiten, doch bereitet mir auch die selbstständige Arbeit keine Schwierigkeiten.
Über eine baldige Antwort werde ich mich sehr freuen.

Mit freundlichen Grüßen
Ilja Richter

(0) *werde*
(1) ____________
(2) ____________
(3) ____________
(4) ____________
(5) ____________
(6) ____________
(7) ____________
(8) ____________
(9) ____________
(10) ____________

Tipp/ Zusatzübung

Markieren Sie beim Lesen von Texten die Verben und konjugieren Sie diese im Aktiv und, wenn möglich, auch im Passiv. Bilden Sie neue Sätze mit diesen Verben.

Erinnern Sie sich?
Infinitive im Satz

Übersicht 10: Infinitive im Satz (mit und ohne „zu")

Regeln zu den Infinitiven im Satz

1) Der Infinitiv steht im Hauptsatz rechts in der Satzklammer:

⇨ Futur 1: werden + Infinitiv
Beispiel: *Es wird regnen*

⇨ Konjunktiv II: würde + Infinitiv
Beispiel: *Ich würde gerne wissen, wann der Zug abfährt.*

⇨ mit den Modalverben: Modalverb + Infinitiv
Beispiele:
Sie wollen die Grammatik wiederholen.
Sie haben die Grammatik wiederholen wollen.(!)

⇨ mit Verben, die vor allem im Präsens wie Modalverben gebraucht werden, also **gehen, fahren, kommen, sehen, hören, lernen, helfen, bleiben:**
Beispiel: *Wir hören sie kommen.*

⇨ mit (sich) lassen + Infinitiv:
Beispiel:
Er lässt sich von seinem Professor beraten.
Er lässt sein Auto in der Werkstatt reparieren.

⇨ mit **brauchen, drohen, pflegen, scheinen** + zu + Infinitiv:
Beispiel: *Sie brauchen sich für diesen Kurs nicht anzumelden.* | *Es scheint heute nicht zu regnen.*

2) Satzstellung im Nebensatz: der Infinitiv steht vor dem konjugierten (finiten) Verb

⇨ Futur 1:
Beispiel: *Wir wissen, dass es regnen wird.*

⇨ Konjunktiv II:
Beispiel: *Ich habe doch gesagt, dass er das gerne wissen würde.*

⇨ mit den Modalverben:
Beispiele:
Sie sagen, dass sie die Grammatik wiederholen wollen.

☠ **ABER:** *Sie haben gesagt, dass sie die Grammatik haben wiederholen wollen.*

⇨ Mit Verben, die wie Modalverben gebraucht werden können, z.B. gehen, fahren, sehen, hören:
Beispiel: *Karin sagt, dass sie sie kommen hört.*

☠ **ABER:** *Karin sagt, dass sie Sie hat kommen hören.*

⇨ mit (sich) lassen + Infinitiv:
Beispiel:
Er findet es nützlich, dass er sich von seinem Professor beraten lässt.
Es ist besser, dass er sein Auto in der Werkstatt reparieren lässt.

⇨ Mit brauchen, drohen, pflegen, scheinen + zu + Infinitiv:
Beispiel: *Die Sekretärein sagt, dass sie sich für diesen Kurs nicht anzumelden brauchen.*

3) Eingeleitete Nebensätze und Infinitivkonstruktionen

⇨ um zu / statt zu / ohne zu + Infinitiv:
Beispiel: *Statt sich um einen Platz im Studentenwohnheim zu bemühen, zog sie in eine WG.*

⇨ Infinitivkonstruktionen mit Verben mit Infinitiv:
Beispiel: *Die ausländischen Studenten versuchen, sich schnell in ihrer neuen Umgebung zu orientieren.*

Übersicht 11(A): Modalverben – Konjugation und objektive Bedeutung

1) Konjugation der Modalverben

Präsens						
	wollen	sollen	„möchte“	können	dürfen	müssen
ich	will	soll	möchte	kann	darf	muss
du	willst	sollst	möchtest	kannst	darfst	musst
er/sie/es	will	soll	möchte	kann	darf	muss
wir	wollen	sollen	möchten	können	dürfen	müssen
ihr	wollt	sollt	möchtet	könnt	dürft	müsst
sie	wollen	sollen	möchten	können	dürfen	müssen
Sie	wollen	sollen	möchten	können	dürfen	müssen

Präteritum: wollte / sollte / konnte / durfte / musste. **Beispiel**: *Sie durften spielen.* **„möchte“ nur im Präsens**
Perfekt: ich habe +Infinitiv + wollen / sollen / können / dürfen / müssen. **Beispiel**: *Sie haben spielen dürfen*

2) objektive Bedeutung der Modalverben

Beispiele für Umschreibungen:

⇨ **wollen:** *planen, das Ziel haben, sich etwas vornehmen, beabsichtigen, die Absicht haben, entschlossen sein, den Wunsch haben*
⇨ **nicht wollen:** *zögern, sich weigern*
⇨ **sollen:** *die Aufgabe haben, den Auftrag haben, verpflichtet sein, es wird erwartet, es wird verlangt*
⇨ **sollte:** *es wäre gut, es ist / wäre ratsam, es ist / wäre empfehlenswert, es wäre eine gute Idee*
⇨ **„möchte“:** *den Wunsch haben, den Wunsch äußern, sich wünschen, würde gerne, Lust haben*
⇨ **(nicht) können:** *(1) etwas ist (un)möglich,(nicht) in der Lage zu etwas sein, (nicht) die Möglichkeit / Gelegenheit zu etwas haben (2) jemandem gelingt es (nicht), jemand besitzt (nicht) die Begabung zu etwas*
⇨ **dürfen:** *es ist erlaubt / gestattet, jemand hat / besitzt die Genehmigung, jemand ist dazu berechtigt, jemand hat das Recht, die Genehmigung wird erteilt*
⇨ **nicht dürfen:** *es ist untersagt / nicht erlaubt / nicht gestattet, man hat nicht das Recht*
⇨ **müssen:** *es ist notwendig / nötig / erforderlich, jemand ist zu etwas gezwungen, jemand ist dazu verpflichtet, jemand hat etwas zu tun*
⇨ **nicht müssen:** *es ist nicht nötig / erforderlich / notwendig*

Aufgabe 18 - Modalverben, objektive Bedeutung

① Modalverben, objektive Bedeutung

Setzen Sie die passenden Verben ein.

verlängern / ein-, auschecken / nehmen / campen, zelten / schlafen / hinterlassen

1) Sie können an der Rezeption jederzeit eine Nachricht . . . .

2) Bei ihrer Ankunft müssen sich die Gäste bis 18.00 Uhr . . . . und am Tag der Abreise bis 12.00 Uhr . . . .

3) An diesem Strand dürfen Urlauber nicht . . . .

4) Für Gäste, die einmal im Freien . . . . wollen, gibt es das Angebot „Himmelbett im Park“ mit vollem Zimmerservice.

5) Besucher der Messe sollten sich frühzeitig ein Zimmer in einem nahe gelegenen Hotel . . . .

6) Sie möchten Ihren Aufenthalt . . . . ? Kein Problem, wir finden eine passende Unterkunft für Sie.

② Schreiben Sie die Sätze neu, indem Sie passende Umschreibungen verwenden und die Verben aus ① in der richtigen Form einsetzen.

1) Es ist jederzeit . . . . , an der Rezeption eine Nachricht . . . .

2) Bei ihrer Ankunft sind unsere Gäste dazu . . . . , sich bis 18.00 Uhr . . . . und am Tag der Abreise bis 12.00 Uhr . . . .

3) An diesem Strand ist es den Urlaubern nicht . . . . zu . . . .

4) Für Gäste, die den . . . . haben, einmal im Freien . . . . , gibt es das Angebot „Himmelbett im Park" mit vollem Zimmerservice.

5) Es ist . . . . , dass sich Besucher der Messe frühzeitig ein Zimmer in einem nahe gelegenen Hotel . . . .

6) Sie . . . . Ihren Aufenthalt . . . . ? Kein Problem, wir finden eine passende Unterkunft für Sie.

Aufgabe 19 - Modalverben, objektive Bedeutung: Präteritum

① Setzen Sie die passenden Modalverben im Präteritum ein.

1) Die Bergsteiger . . . . sich dazu entschließen, wegen des schlechten Wetters umzukehren.

2) Viele Bewohner der Region . . . . oder . . . . zunächst nicht begreifen, dass sie ihre Häuser wegen des drohenden Orkans verlassen . . . .

3) Sie . . . . nur das Notwendigste mitnehmen, um die Nacht in Sporthallen und anderen sicheren Unterkünften der Bezirkshauptstadt zu verbringen.

4) Nachdem sich das Sturmtief abgeschwächt hatte, ... sie wieder nach Hause zurückkehren.

5) Zum Glück . . . . kleinere Schäden an den Gebäuden schnell repariert werden.

② Schreiben Sie die Sätze neu, indem Sie passende Umschreibungen verwenden.

1) Die Bergsteiger waren dazu . . . . , wegen des schlechten Wetters umzukehren.

2) Viele Bewohner der Region waren zunächst nicht in der . . . . oder hatten den . . . . zu begreifen, dass das Verlassen ihrer Häuser wegen des drohenden Orkans . . . . war.

3) Es war ihnen nur . . . . das Notwendigste mitzunehmen, um die Nacht in Sporthallen und anderen sicheren Unterkünften der Bezirkshauptstadt zu verbringen.

4) Nachdem sich das Sturmtief abgeschwächt hatte, hatten sie die . . . . wieder nach Hause zurückzukehren.

5) Zum Glück war man . . . . , kleiner Schäden an den Gebäuden schnell zu reparieren.

Aufgabe 20 - Modalverben, objektive Bedeutung: Perfekt

① Setzen Sie die passenden Modalverben im Perfekt ein.

1) Der Sekretär hat dem Chef die neuesten Daten mitteilen . . . . , doch war dieser nicht erreichbar.

2) Die Theatergruppe der Schule hat ihr Stück im Stadttheater aufführen . . . .

3) Die Mutter hat ihr Kind zum Schularzt begleiten . . . . , doch leider hatte sie keine Zeit.

4) Trotz des ursprünglichen Verbots haben die Bewohner des Stadtviertels ihr Fußballturnier schließlich doch im Park austragen . . . .

5) Niemand hat voraussehen . . . . , dass der Ausflug ein trauriges Ende nehmen würde.

② Schreiben Sie die Sätze neu, indem Sie passende Umschreibungen verwenden.

1) Der Sekretär hatte die . . . . dem Chef die neuen Daten . . . . doch dieser war nicht erreichbar.

2) Die Theatergruppe hatte die . . . . ihr Stück im Stadttheater . . . .

3) Es wurde . . . . dass die Mutter ihr Kind zum Schularzt . . . . doch leider hatte sie keine Zeit.

4) Trotz des ursprünglichen Verbots ist den Bewohnern schließlich die . . . . erteilt worden, ihr Fußballturnier im Park . . . .

5) Niemand war dazu in der . . . . , ... , dass der Ausflug ein trauriges Ende nehmen würde.

Übersicht 11(B): Modalverben – subjektive Bedeutung

1) Bedeutung und Beispiele für Umschreibungen:

- **wollen:** *jemand behauptet etwas von sich, aber man weiß nicht, ob es stimmt / angeblich*
  Beispiel: *Er will den Mount Everest bestiegen haben, aber wir glauben ihm nicht.*
- **sollen:** *man sagt, man erzählt sich, es wird gesagt / behauptet / erzählt, ich habe gehört, dass ..., laut Presseberichten / Informationen ...*
  Beispiel: *Es soll sich um ein sehr wirksames Medikament handeln.*
- **können/ könnte:** *vielleicht, möglicherweise, eventuell, glauben / meinen, es ist denkbar / nicht ausgeschlossen / möglich*
  Beispiel: *Es könnte sein, dass sie schon angekommen sind.*
- **dürfte (nicht) / müsste:** *es ist (un)wahrscheinlich, vermutlich, sicherlich, bestimmt, es ist ziemlich sicher, dass ...*
  Beispiel: *Das Flugzeug dürfte gerade gelandet sein.*
- **müssen:** *selbstverständlich, offensichtlich, zweifellos, von etwas überzeugt sein, sich sicher sein*
  Beispiel: *Sie muss / müsste die Nachricht gelesen haben.*

2) Zeiten

- **Gegenwart:** Modalverb + Infinitiv Beispiel: *Er dürfte zu Hause sein.*
- **Vergangenheit:** Modalverb + Partizip 2 + haben Beispiel: *Er dürfte zu Hause gewesen sein.*

Aufgabe 21: Modalverben, subjektive Bedeutung

① Setzen Sie die passenden Modalverben ein.

1) Laut Presseberichten . . . . die Regierung über eine Änderung des Rentengesetzes beraten.

2) Die Opposition . . . . nicht für dieses Gesetz stimmen, wenn es im Bundestag zu einer Abstimmung kommt.

3) Auch einige Abgeordnete der Regierungspartei . . . . gegen das Gesetz stimmen, um ihre Wähler nicht zu enttäuschen.

4) Dagegen . . . . der Finanzminister den Gesetzesvorschlag vor dem Bundestag verteidigen.

5) Er . . . . gegenüber Abgeordneten geäußert haben, dass das alte Rentensystem langfristig nicht mehr finanzierbar sei.

6) Die Debatte im Bundestag . . . . also spannend werden.

7) Es hat sich herumgesprochen, dass die Interessenvertretung der Rentner schon von Anfang an gegen den Plan der Regierung protestiert haben . . . .

8) Ihr Sprecher . . . . angekündigt haben, dass die alten Menschen im Notfall auf die Straße gehen werden, um zu demonstrieren.

② Schreiben Sie die Sätze neu, indem Sie passende Umschreibungen verwenden.

1) Der Regierungssprecher . . . . in Presseberichten, dass die Regierung über eine Änderung des Rentengesetzes . . . .

2) Es ist . . . . , dass die Opposition gegen dieses Gesetz . . . . wird, wenn es im Bundestag zu einer Abstimmung kommt.

3) . . . . auch einige Abgeordnete der Regierungspartei gegen das Gesetz, um ihre Wähler nicht zu enttäuschen.

4) Der Finanzminister wird den Gesetzvorschlag vor dem Bundestag . . . .

5) Man . . . . sich, dass er gegenüber Abgeordneten geäußert . . . ., dass das alte Rentensystem langfristig nicht mehr finanzierbar sei

6) Es ist . . . . , dass d e Debatte im Bundestag spannend . . . .

7) . . . . hat die Interessenvertretung der Rentner gegen den Plan der Regierung schon von Anfang an protestiert.

8) Es liegen . . . . vor, dass ihr Sprecher angekündigt . . . ., dass die alten Menschen im Notfall auf die Straße gehen werden, um zu demonstrieren.

Aufgabe 22 - Modalverben, subjektive Bedeutung

Bilden Sie aus den folgenden Begriffen Sätze:

1) haben / Der Rockstar / mit ihrem Ex-Mann soll / gehabt / eine Affäre

. . . .

2) sein / und / an den / Schauspieler T. H. / dürfte / erfolgreichen und außerordentlich charmanten amerikanischen / Der Filmpreis / gegangen

. . . .

. . . .

3) Bei der bildhübschen / gehandelt / um die Tochter / es sich / Person / haben / könnte / des Multimillionärs

. . . .

. . . .

4) im Königshaus / Laut unseren Exklusivinformationen / es / zwischen / gekommen sein / Prinzessin A. und ihrer Schwiegermutter / soll / zu einem Streit

. . . .

. . . .

5) Extremsportler Harald H. / mit einem Ruderboot / den Pazifik / will / überquert / haben

. . . .

6) 5 Kilo / haben / dürfte / Supermodel Belinda B. / mindestens / zugenommen

Skandal: . . . .

7) ausgewirkt / In der vergangenen Woche / die Mars-Venus-Konstellation auf Ihr Wohlbefinden / haben / sich / positiv / muss – und – ändert sich / auch / in dieser Woche / nicht viel

Ihr Horoskop:. . . . .

. . . .

. . . .

8) müsste / getäuscht haben / sehr / mich / Ich - , - wenn / behält / mich / in dieser Saison nicht / der 1. FC

Fußballstar R. im Exklusivinterview: . . . .

. . . .

Übersicht 11(C): Verben, die wie Modalverben gebraucht werden können

Gruppe 1: Perfektbildung mit Hilfsverb + Infinitiv + Partizip Perfekt

Präsens / Präteritum

- ⇨ **gehen:** Beispiel: *Die meisten Arbeitnehmer gehen / gingen am Samstag einkaufen.*
- ⇨ **bleiben:** Beispiel: *Viele Aufgaben bleiben / blieben liegen.*
- ⇨ **lernen:** Beispiel: *Die Kinder lernen / lernten die fremde Sprache fehlerfrei sprechen.*
- ⇨ **lehren:** Beispiel: *Freiwillige lehren / lehrten die Kinder Schach spielen.*
- ⇨ **helfen:** Beispiel: *Alle helfen / halfen die Geschenke einsammeln.*

Perfekt / Plusquamperfekt (mit Hilfsverb + Partizip Perfekt)

- ⇨ **gehen:** Beispiel: *Die meisten Arbeitnehmer sind / waren am Samstag einkaufen gegangen.*
- ⇨ **lernen:** Beispiel: *Die Kinder haben / hatten die fremde Sprache fehlerfrei sprechen gelernt.*
- ⇨ **bleiben:** Beispiel: *Viele Aufgaben sind / waren liegen geblieben.*
- ⇨ **lehren:** Beispiel: *Freiwillige haben / hatten die Kinder Schach spielen gelehrt.*
- ⇨ **helfen:** Beispiel: *Alle haben / hatten die Geschenke einsammeln geholfen.*

Gruppe 2: Perfektbildung mit Hilfsverb + Infinitiv + Infinitiv

Präsens / Präteritum

- ⇨ **sehen:** Beispiel: *Wir sehen / sahen das Unglück kommen.*
- ⇨ **hören:** Beispiel: *Die Studenten hören / hörten den Dozenten kommen.*
- ⇨ **helfen:** Beispiel: *Alle helfen / halfen die Geschenke einsammeln.*
- ⇨ **sich lassen:** Beispiel: *Dieses Experiment lässt / ließ sich leicht wiederholen.*

Perfekt:

- ⇨ **sehen:** Beispiel: *Wir haben / hatten das Unglück kommen sehen.*
- ⇨ **hören:** Beispiel: *Studenten haben / hatten den Dozenten kommen hören.*
- ⇨ **helfen:** Beispiel: *Alle haben / hatten die Geschenke einsammeln helfen.*
- ⇨ **sich lassen:** Beispiel: *Dieses Experiment hat sich leicht wiederholen lassen.*

Gruppe 3: sonstige Verben + zu + Infinitiv

- ⇨ **nicht brauchen + zu:** Beispiel: *Die Wissenschaftler brauchen das Experiment nicht zu wiederholen*
- ⇨ **scheinen + zu:** Beispiel: *Das Experiment scheint zu gelingen*
- ⇨ **drohen + zu:** Beispiel: *Das Experiment droht zu misslingen.*
- ⇨ **pflegen + zu:** Beispiel: *Prof. Dr. Meier pflegt seine wissenschaftlichen Mitarbeiter gut zu informieren.*

Aufgabe 23

Setzen Sie die passenden Verben in der richtigen Zeitform ein.

1) Die Eröffnung der Messe verzögerte sich, weil viele Messebesucher im Stau stecken . . . .

2) Er hat schon als Kind Geige spielen . . . .

3) Viele Deutsche . . . . in ihrer Freizeit wandern.

4) Die Zeiten sind lange vorbei, als ein Dorfschullehrer die Kinder lesen und schreiben . . . .

5) Freiwillige . . . . die schweren Säcke tragen, sodass der Fluss nicht über die Ufer trat.

6) Vom Hotelbalkon aus . . . . man die Wellen rauschen und sieht den Sonnenuntergang.

7) Zunächst bemerkte man die dichten Wolken, dann . . . . man den Vulkan Feuer speien.

Aufgabe 24 - Setzen Sie die Infinitive ein!

aussuchen / betreten / fechten / lesen / liegen / rauschen / reiten / tanzen / zeichnen

1) Weil ein LKW wegen einer Panne .... geblieben war, musste die Autobahn kurzzeitig gesperrt werden.

2) Zeugen hatten den Verdächtigen die Bank .... sehen.

3) Der neueste Trend ist, dass viele ältere Paare wieder .... gehen.

4) Wer Ritter werden wollte, lernte als Knappe zunächst .... und ....

5) Die Kostümberater helfen den Schauspielern die geeigneten Kostüme ....

6) Während man den Wasserfall beim Näherkommen zunächst nur .... hörte, sahen die Wanderer nach wenigen Schritten das Naturschauspiel.

7) Die Eltern lehrten ihre Kinder schon früh .... und Noten ....

Aufgabe 25 - Setzen Sie die Infinitive ein!

einfrieren / nachfüllen / verpflegen / auftauen / zubereiten / aufwärmen

① *lassen und brauchen:* Setzen Sie die passenden Verben ein.

1) Mit den Fertigpaketen des Roten Kreuzes lassen sich größere Menschenmengen unkompliziert mit einer reichhaltigen Mahlzeit ...., denn die Helfer brauchen die Mahlzeiten nicht ....

2) Mit der nötigen Vorbereitung lassen sich die Minipizzas für die Kinderparty schnell ....

3) Die praktischen Mehrwegpackungen lassen sich ohne weiteres ....

4) Sie brauchen das Tiefkühlgericht vor dem Kochen nicht ....

5) Übrig gebliebenes Essen lässt sich einfach ...., statt es in den Mülleimer zu werfen.

② Ergänzen Sie die Sätze mit *lassen, brauchen, drohen, pflegen* oder *scheinen* oder einem passenden Infinitiv

1) Er .... sich seiner Verantwortung nicht bewusst zu sein.

2) Die Brücke .... unter der Last der Erdmassen zusammenzubrechen.

3) Es lässt sich nicht mit Bestimmtheit ...., ob sie noch heute ankommen.

4) Die Menschen .... bestimmten Ritualen zu folgen, um eine Ordnung in ihr Alltagsleben zu bekommen.

5) Die Gefahr der Kontaminierung des Wassers ist sehr hoch, was allerdings niemanden zu .... scheint.

6) Sie .... jeden Morgen einen ausgedehnten Spaziergang mit dem Hund zu machen.

7) Sie .... das Zimmer erst bei Ihrer Abreise zu bezahlen.

8) Obwohl sie sich nicht zu beeilen ...., laufen viele Menschen gehetzt durch die Straßen.

9) Das Gerät ist einfach zu reinigen, weil es sich von allen Seiten öffnen ....

10) Er hat die Diplomarbeit nicht rechtzeitig fertig geschrieben, sodass er den Abgabetermin zu versäumen ....

Übersicht 12: Verben, die Infinitivsätze einleiten

1) Verben, die Infinitivsätze einleiten können (Auswahl):
anfangen / anbieten / aufhören / beabsichtigen / beginnen / sich bemühen / beschließen / bitten / denken / empfehlen / sich entschließen / erlauben / sich fürchten / glauben / helfen / hoffen / scheinen / vergessen / verbieten / versprechen / versuchen / vorhaben / warnen / sich weigern
Beispiele: *Es empfiehlt sich, vor Studienbeginn eine Unterkunft zu suchen.* | *Schilder warnen davor, die Baustelle zu betreten.*

2) Adverbien + sein, die Infinitivsätze einleiten können (Auswahl):
(un)angenehm sein / bereit dazu sein / entschlossen sein / (un)erfreulich sein / erlaubt sein / erstaunt darüber sein / falsch sein / froh darüber sein / gewohnt sein / glücklich darüber sein / gut sein / interessiert daran sein / leicht sein / es ist (un)möglich / es ist (un)nötig / es ist (nicht) notwendig / richtig sein / schwierig sein / stolz darauf sein / verboten sein / wichtig sein
Beispiele: *Es ist angenehm, in einer wärmeisolierten Wohnung zu leben.* | *Sie waren darüber erstaunt zu hören, dass alle Flüge wegen des Streiks gestrichen wurden.*

3) Nomen-Verb-Kombinationen, die Infinitivsätze einleiten können (Auswahl)
die Absicht haben / Angst davor haben / das Glück haben / Lust dazu haben / den Wunsch haben / Zeit haben
Beispiel: *Sie haben die Absicht, nächstes Jahr eine Weltreise zu unternehmen.*

Aufgabe 26 - Infinitivsätze

Setzen Sie die passenden Infinitive ein.

auftreten / bestehen / erforschen / erhöhen, senken / haben / kennen / machen / mitbringen / retten / setzen / trinken, konsumieren

1) Den Besuchern ist es erlaubt, ihren eigenen Picknickkorb . . . .

2) Obwohl die Polizei immer wieder eindringlich davor warnt, am Silvesterabend Alkohol zu . . . . und sich betrunken ans Steuer zu . . . . , kommt es an jedem Jahresende zu zahlreichen Unfällen.

3) Er glaubte fest daran, eines Tages Erfolg zu . . . . und behielt recht.

4) Einige Seminarteilnehmer beabsichtigen, in Zukunft mit einem eigenen Unternehmen auf dem Markt . . . .

5) Die Wissenschaftler haben erst jetzt damit begonnen, dieses Phänomen weiter zu . . . .

6) Eine gründliche Vorbereitung hilft bei dem Versuch, die Prüfung erfolgreich zu . . . .

7) Die Stadtverwaltung beabsichtigt, die Müllgebühren im nächsten Jahr zu . . . .

8) Es wird schwierig sein, die gestrandeten Wale zu . . . .

9) Der Junge hatte das Glück, einen engagierten Sozialarbeiter zu . . . .

10) Viele Arbeitnehmer fürchten sich davor, ihre Rechte geltend zu . . . .

Aufgabe 27- Fehlerkorrektur „Infinitive im Satz“

Sehr geehrte Damen und Herren,

wir sind Bürger dieser Stadt und haben die Tierschutzinitiative „Für jedes Haustier ein Heim“ gegründet. Im Rahmen unserer Initiative *willen* wir herrenlosen Tieren zu einem neuen Heim verhelfen. Wir mochten vor allem die Tierheime, aber auch Privatleute, die vorübergehend dazu bereit sind, ein Tier aufnehmen, unterstützen. Herr Fischer, eines unserer Mitglieder, hat eine passende Software entwickelt, die sich in wenigen Minuten installieren lassen. Mithilfe dieser Software können interessierte Tierliebhaber leichter das Tier ihrer Wahl zu finden. Wir glauben, damit einen wichtigen Beitrag zur Lösung des Problems herrenloser Haustiere leisten zu. Sie können diese Software direkt und sehr kostengünstig bei uns zu bestellen.
Wir helfen Ihnen auch gerne dabei, sie auf Ihrem Computer zu installiert. Damit Sie sich ein besseres Bild machen wollen, wenden Sie sich einfach an das Tierheim in Neustadt, wo wir unsere Software mit Erfolg haben ausprobieren gedurft. Lassen Sie sich bitte von hören, wenn Sie an unserem Angebot Interesse haben.

Mit freundlichen Grüßen
Die Tierschutzinitiative „Für jedes Haustier ein Heim“

(0) wollen
(1) ______
(2) ______
(3) ______
(4) ______
(5) ______
(6) ______
(7) ______
(8) ______
(9) ______
(10) ______

Aufgabe 28 - Textrekonstruktion Verben - Gesamtwiederholung

Megasmog verwandelt Megacitys in Todeszonen
Die Skyline *(0)* sich im Dunst kaum mehr erkennen, Passanten versuchen sich mit Atemmasken zu (1): Peking ist mit seinem immer wiederkehrenden Smog zum Symbol für Luftverschmutzung geworden.
Die chinesische Hauptstadt könne „von Menschen kaum bewohnt (2)“, urteilten Wissenschaftler des Landes in einer kürzlich veröffentlichten Studie.
„In Asien (3) es allgemein schlimm mit dem Smog, aber China ist schon Weltmeister in der Hinsicht“, behaupten Umweltexperten. Die chinesische Umweltbehörde teilte vor einigen Tagen mit, dass im vergangenen Jahr nur in drei von 74 Großstädten des Landes die – ohnehin schwachen– staatlichen Standards für gute Luft eingehalten (4).
Mit dem rasanten wirtschaftlichen Aufschwung in den 1990er Jahren (5) in China auch die Luftverschmutzung enorm zu und sie wird auch in den kommenden Jahren weiter (6), wenn auch langsamer.
Zahl der Atemwegserkrankungen schnellt in die Höhe
Von Smog, zusammengesetzt aus Smoke (Rauch) und Fog (Nebel), (7) Fachleute dann, wenn sich über besiedelten Gebieten stark erhöhte Konzentrationen von Luftschadstoffen ausmachen (8). Die Gründe für Smog sind von Stadt zu Stadt sehr unterschiedlich. Quelle der Emissionen kann die Industrie (9), der Verkehr, der sogenannte Hausbrand von Kochstellen und Heizungen, die Landwirtschaft oder – vor allem in Trockengebieten – auch aufgewirbelter Staub und Erdkrustenmaterial.
In Metropolen spielt der Verkehr immer eine Rolle
In vielen Ländern ist es schwierig, überhaupt gesicherte Daten (10) erheben. Auf jeden Fall dürfte der Verkehr in großen Städten aber nahezu immer eine Rolle (11).
In China (12) die Fahrzeuge zwar modern, ihre Zahl ist aber innerhalb kürzester Zeit enorm gestiegen und es gebe viele Staus, sagen Experten.Neben dem Verkehr (13) Industrie, Hausbrennstoffe und Müllverbrennung die Luftqualität, die auch in vielen Megastädten außerhalb Chinas verheerend ist. In Zukunft (14) sie wohl noch schlimmer sein.
Drei Viertel der Luftverschmutzung weltweit gehen auf asiatische Länder wie China, Indien, Bangladesch, Indonesien oder auch Myanmar (15), manche Megastädte produzieren mehr Abgase als Länder wie Portugal. Mit dem Wachstum dieser Millionen-Metropolen (16) man sowohl mehr als auch heftigere Smog-Episoden erwarten.

(0) lässt
(1) sch______
(2) w______
(3) i______
(4) w______
(5) n______
(6) anst______
(7) spr______
(8) l______
(9) s______
(10) ______
(11) sp______
(12) se______
(13) beein______
(14) w______
(15) z______
(16) m______

Aufgabe 29 - Gemischte Übungen zur Wiederholung

auftragen / ausbauen / eincremen / einschulen / einfallen / einzahlen / mitschreiben / stattfinden / weiterbilden / zusammenfassen

① Setzen Sie die Verben in der passenden Form ein.

1) Um einen Text richtig ...., bedarf es einiger Grundregeln.

2) Nach den Plänen des Bildungsministeriums sollen Eltern ihre Kinder noch früher .... können.

3) Die Beziehungen zwischen den beiden Staaten wurden in den letzten Jahren noch weiter ....

4) Banken werden in Zukunft eine Gebühr verlangen, wenn ein Kunde am Bankschalter Münzen ....

5) Auch bei Bergtouren ist es notwendig, sich wegen der starken Sonneneinstrahlung gut ....

6) Die Dächer des unter Denkmalschutz stehenden Palasts müssen renoviert werden, damit sie nicht ....

7) Den Spielern wird vom Spielleiter ...., ihre eigene Geschichte möglichst kreativ aufzuzeichnen.

8) Weil seine Kommilitonen die Vorlesung während seiner Krankheit für ihn .... hatten, konnte er an der Abschlussprüfung teilnehmen.

9) Das Festival wird im Schlossgarten ....

10) Darüber, wie Sie sich .... können, gibt eine Broschüre der Handelskammer Auskunft.

② Setzen Sie die passenden Hilfs- oder Modalverben oder ähnliche Verben ein.

1) Die Veranstalter .... die Konferenz im letzten Moment absagen und auf einen anderen Termin verschieben, nachdem wichtige Staaten ihre Teilnahme abgesagt hatten.

2) Die Arbeiter .... die Arbeit niedergelegt, um gegen die miserablen Arbeitsbedingungen in den Textilfabriken zu protestieren.

3) Viele Menschen .... vor allem nach Europa, in die USA und nach Kanada einwandern, weil sie dort auf eine bessere Zukunft hoffen.

4) Die Pakete des Versandunternehmens .... in Zukunft mit Drohnen zugestellt.

5) Wegen der Wirtschaftskrise .... viele Menschen in Zukunft von der Stadt auf das Land umziehen, um wieder in der Landwirtschaft tätig zu sein.

6) Notunterkünfte für Asylsuchende .... sich in relativ kurzer Zeit einrichten.

③ Setzen Sie die Verben bzw. Hilfsverben im Präteritum, Perfekt bzw. Plusquamperfekt ein

abmachen / anmelden / ausstellen / einwerfen / festhalten / finden / sich fortbilden / fühlen / legen / liegen lassen / nachdenken / stehen bleiben / werden

1) Viele Menschen .... an dem Mahnmal .... und .... einen Strauß Blumen nieder.

2) Nachdem sie sich .... hatte, ... sie viel leichter einen Arbeitsplatz.

3) Zahlreiche Teilnehmer .... sich zu dem Fortbildungskurs ....

4) Niemand .... während der Zeit der Industrialisierung in Europa ernsthaft über den Umweltschutz ....

5) Den Flüchtlingen .... vorläufige Aufenthaltsgenehmigungen ....

6) Nachdem er den Bewerbungsbrief .... hatte, ... er sich erleichtert.

7) Noch lange .... die Dorfbewohner an ihren Traditionen ....

8) Es ...., dass man sich um elf Uhr vor dem Rathaus treffen wolle.

9) Sie hatte die Arbeit .... um einen kurzen Spaziergang zu machen.

Erinnern Sie sich?
Reflexive und reziproke Verben

Übersicht 13: Reflexive und reziproke Verben

Regeln zu den reflexiven und reziproken Verben

1) Es gibt

⇨ reflexive Verben mit obligatorischem Reflexivpronomen
Beispiel: *Man wunderte sich über sein Verhalten.*

⇨ Verben, die reflexiv oder mit einem anderen Objekt gebraucht werden; dann aber Bedeutungswechsel:
Beispiel: *(sich) beruhigen* ⇨ *Es dauerte, bis sich die Menschen beruhigt hatten.* | *Die Eltern beruhigen ihr Kind.*

2) Konjugation:

⇨ **1. Fall:**
Das Reflexivpronomen steht im Akkusativ, es gibt kein Objekt im Akkusativ:
Beispiel: *sich vorbereiten*

ich bereite **mich** vor.
du bereitest **dich** vor.
er / sie / es bereitet **sich** vor.
wir bereiten **uns** vor
ihr bereitet **euch** vor
Sie / sie bereiten **sich** vor

⇨ **2. Fall:**
Es gibt ein Objekt im Akkusativ, das Reflexivpronomen steht im Dativ:
Beispiel: *sich etwas aneignen*

ich eigne **mir** das nötige Wissen an
du eignest **dir** das nötige Wissen an
er / sie / es eignet **sich** das nötige Wissen an
wir eignen **uns** das nötige Wissen an
ihr eignet **euch** das nötige Wissen an
Sie / sie eignen **sich** das nötige Wissen an

3)
⇨ **Reflexive Verben bilden das Perfekt immer mit „haben“!**

4)
⇨ **reziproke Verben werden oft mit dem Pronomen „einander“ statt mit „sich“ verwendet:**
Beispiel: *sich begrüßen* ⇨ *sie begrüßen einander* statt *sie begrüßen sich*

⇨ gibt es ein Präpositionalobjekt, gilt: Präposition + einander, sich bleibt erhalten
Beispiel: *Sie haben sich (miteinander) überworfen*
Sie lassen sich voneinander scheiden.

5)
⇨ **Verben, die reziprok oder mit einem Objekt verwendet werden können; dann aber Bedeutungswechsel**
Beispiel: *(sich) aussprechen*
Sprecht euch am besten mal miteinander aus!
Sprechen Sie die Wörter deutlich aus!

6)
⇨ **Reziproke Verben können das Perfekt mit „haben“ und „sein“ bilden!**
Beispiel: *Wir haben uns geeinigt.* | *Sie sind sich begegnet.*

Aufgabe 30 - Gemischte Übungen zur Wiederholung

① Konjugieren Sie die folgenden Verben im Präsens und formulieren Sie einen Satz zu jedem Verb.

1) sich ärgern über:

....

....

2) sich entwickeln zu:

....

....

3) sich fürchten vor:

....

....

4) sich etw. vorstellen (!):

....

....

② Setzen Sie die passenden Verben ein!

bewerben / ewerben / einschreiben / entschließen / fragen / fühlen / lohnen / weiterbilden / wünschen

1) Viele Schulabgänger .... sich, ob es sich noch ...., sich an der Universität für ein Studium ....

2) Sie .... sich lieber um einen Ausbildungsplatz oder .... sich zu einer Lehre.

3) Viele .... sich, nach dem Abschluss ihrer Ausbildung einen Arbeitsplatz zu finden, an dem sie sich rundum wohl ....

4) Schließlich spricht ja auch nichts dagegen, dass sie sich in Zukunft in Fortbildungsseminaren .... oder nach der gewonnenen Praxiserfahrung doch noch ein Studium aufnehmen.

Aufgabe 31

Setzen Sie die passenden Reflexivpronomen ein.

1) „Ich habe ...... getäuscht, als ich gedacht habe, ich könnte ...... alleine auf meinen Studienabschluss verlassen, um eine Arbeitsstelle zu finden“, berichtet eine frisch gebackene Studienabgängerin.

2) „Alle Arbeitgeber haben den Anspruch, dass du ...... in unzähligen Praktika fortgebildet hast“, merkt die mittlerweile Sechsundzwanzigjährige an.

3) Vieles hat ...... auf dem Arbeitsmarkt verändert, sodass Berufseinsteiger im Durchschnitt immer älter werden.

4) Ich überlege ...... ernsthaft, ob ich statt der Praktika lieber eine Ausbildung beginne, die mit meinem Studium in Bezug steht.“

5) „Ich glaube, so kenne ich ...... mit meinem zukünftigen Arbeitsgegenstand sowohl theoretisch als auch praktisch besser aus.“

Aufgabe 32 - gemischte Textrekonstruktion

Setzen Sie die passenden Verben, Hilfsverben oder Reflexivpronomen ein.

Großraumbüro statt Einzelbüro:	
Wie (0) Mitarbeiter wohlfühlen sollen	(0) *sich*
In vielen Unternehmen (1) sich einiges: feste Arbeitsplätze und Einzelbüros	(1) ______
(2) abgeschafft, während der Trend wieder zum Großraumbüro geht. Durch offene	(2) ______
Strukturen sollen sich Büroangestellte wohler (3) und produktiver und kreativer	(3) ______
arbeiten. Gemeint sind Arbeitsplätze, an denen (4) die Mitarbeiter unkompliziert	(4) ______
austauschen und sich (5) können, die aber auch Rückzugsräume bieten, um	(5) ______
(6) in Ruhe zu besprechen oder um Konferenzen durchzuführen.	(6) ______
Die Idee kommt aus dem so genannten Lean Management, das aus der Automobil-	
industrie stammt. Beim Lean Management geht es darum, dass sich die Mitarbeiter	
optimal auf ihre Aktivitäten (7) und alles Überflüssige eliminiert wird. Genutzt (8)	(7) ______
dann zum Beispiel der Schreibtisch, der gerade frei ist, weil ein Mitarbeiter unter-	(8) ______
wegs oder aus anderen Gründen nicht im Büro ist. Auch der Chef muss	
(9) von seinem Schreibtisch trennen und räumt ihn abends leer. Auf diese Weise	(9) ______
(10) von den Unternehmen natürlich Platz und Geld gespart.	(10) ______
Eine andere Auffassung setzt ebenfalls auf die offene Bürolandschaft, aber hier soll	
alles so bunt und individuell wie möglich (11). Alle Mitarbeiter haben einen festen	(11) ______
Arbeitsplatz und können ihn gestalten, wie sie möchten. Forscher (12) nämlich	(12) ______
festgestellt, dass Menschen in chaotischen Umgebungen klarer denken. Wegen	
des Durcheinanders muss (13) ein Mitarbeiter dazu zwingen, besser zu fokussie-	(13) ______
ren und genauer zu denken.	
Es (14) aber auch kritische Stimmen zu diesen Konzepten. „Wegen der ständigen	(14) ______
Störungen haben meine Frau und ich unseren Arbeitsvertrag vorzeitig aufgelöst,	
weil wir (15) im Großraumbüro nicht mehr auf unsere Arbeit konzentrieren konnt-	(15) ______
en. Diese Konzepte sind nur etwas für Leute, die nicht arbeiten und sich ständig	(16) ______
(16) wollen." „Offene Konzepte sind nur gut, wenn nicht übertrieben (17). Wenn	(17) ______
mehr als zehn Leute in einem Raum (18), besteht das Problem, dass zwei oder	(18) ______
drei von ihnen telefonieren oder reden. Sitzt man, wie ich, genau in der Mitte, so	
(19) sich die Arbeitsleistung um 80%."	(19) ______
„Ich war Projektleiter mit mehreren Kollegen in einem Büro. Wir (20) uns mit völlig	(20) ______
verschiedenen Aufgaben. Niemand von uns konnte je vernünftig arbeiten, wenn die	
anderen da waren. Ich kann (21) nicht vorstellen, dass das Unternehmen durch	(21) ______
dieses Konzept irgendetwas gewonnen hat, außer dass (22) die Kollegen gegen-	(22) ______
seitig ungewollt kontrollieren."	

Aufgabe 33 - Fehlerkorrektur reflexive Verben

Sehr geehrte Damen und Herren,	
in Ihrem Reiseblog habe ich Ihr Angebot gefunden, dass man sie an Sie wenden kann, wenn	(1) ______
man bestimmte Urlaubswünsche hat. Nun, meine Familie und ich, wir sind uns entschlossen,	(2) ______
unsere nächsten Sommerferien in Portugal zu verbringen. Ich habe schon ein bisschen über das	
Land gelesen, aber ich kann mich immer noch nicht vorstellen, welche Orte und Regionen am	(3) ______
schönsten sind. Mein Mann interessiert ihn vor allem für archäologische Stätten und ich erhole	(4) ______
mir am besten in einer schönen, ruhigen Umgebung. Unsere Kinder, zehn und zwölf Jahre alt,	(5) ______
lieben das Meer. In einem kleinen Ferienhaus, in dem wir alle genug Platz haben, würde mich	(6) ______
ich sehr wohlfühlen. Auch eine Pauschalreise wäre nicht schlecht, aber nur, wenn die Unter-	
kunft nicht zu groß, dafür aber persönlich ist. Dann ist da noch die Frage nach der Anreise.	(7) ______
Ich fürchte mich, wir müssen mit dem Flugzeug fliegen, aber das können wir vielleicht nicht	(8) ______
leisten. Andererseits habe ich gehört, dass es sogar Busreisen durch ganz Europa gibt. Ist das	
für eine Familie preiswerter? Oder lohnt es uns nicht, mit dem Fernbus zu fahren.	(9) ______
Über eine Antwort würde ich freuen mich!	(10) ______
Mit freundlichen Grüßen	
Thea von Guben	

Erinnern Sie sich?
Verben mit Präpositionen

Übersicht 14: Regeln zu den Verben mit Präpositionalobjekt

Regeln zu den Verben mit Präpositionalobjekt
Regel Nr. 1: ◆ Verben lernt man immer zusammen mit ihren Ergänzungen! Beispiel: *sich erholen + von + Dat = sich erholen plus von plus Dativ.*
Regel Nr. 2: ◆ Die Bildung des Pronominaladverbs erfolgt mit da(r) + Präposition Beispiele: *sich erkundigen nach + Dat ⇨ sie erkundigt sich danach, ob …* *sich spezialisieren auf + Akk ⇨ sie haben sich darauf spezialisiert*
Regel Nr. 3: ◆ Die Bildung des Fragepronomens erfolgt mit wo(r) + Präposition für Nicht-Personen und mit Präposition + Fragewort für Personen Beispiel: *sich beschäftigen mit ⇨* *Womit sollten wir uns noch genauer beschäftigen?* *Mit wem sollten wir uns genauer beschäftigen?*

Aufgabe 34 - Präpositionen

① Welche Präposition ist richtig?

1) Der Erfolg des Projekts hängt *mit / von / ab* vielen Faktoren ab.

2) Die Flüchtlinge sind in den ersten Monaten *auf / zu / für* staatliche Hilfe angewiesen.

3) Es kommt *für / auf / über* die Zahl der Anmeldungen an, ob ein Student ein Zimmer im Wohnheim findet oder nicht.

4) Viele Konsumenten entscheiden sich beim Kauf von Elektrogeräten *von / vor / für* energiesparende Modelle.

5) Die Besucher sind *von / über / mit* dem neuen Museum begeistert.

6) Sie begeistern sich also *über / für / an* das neue Museum.

7) Papageien sind intelligent und grundsätzlich neugierig *für / auf / an* alles.

8) Es ist auch erstaunlich, dass sich bestimmte Arten sogar *für / zu / an* das kältere nordeuropäische Klima angepasst haben.

9) Wenn sie das Wort Urlaub hören, denken viele gestresste Menschen gleich *an / nach / über* sonnige menschenleere Strände und gutes Essen.

10) Anschließend denken sie *daran / dafür / darüber* nach, wie sich dieser Wunsch möglichst preiswert finanzieren lässt.

11) Das Internet bietet natürlich viele Möglichkeiten, um sich *über / für / auf* Reiseziele und Unterkünfte zu informieren.

12) Dennoch ist es oft mindestens genauso gut, sich in einem ganz normalen Reisebüro *über / für / nach* Urlaubsreisen zu erkundigen.

② Welche Präposition ist richtig?

1) Ein Ei unterscheidet sich für das menschliche Auge kaum *mit / von* einem anderen, sie unterscheiden sich höchsten *von / nach* der Farbe.

2) Trotzdem behaupten Wissenschaftler, dass jedes Ei *von / bei* dem anderen minimal verschieden sei.

3) Im Herbst bewerben sich besonders viele Schulabgänger *um / für* einen Ausbildungsplatz.

4) Manche Ausbildungsbetriebe sind *für / auf* einen Nischenberuf spezialisiert, wie etwa den des Keramikers.

5) Die Insel Santorini ist bekannt *mit / für* ihre gute Küche.

6) Die Insel Samos ist dagegen berühmt *durch / für* ihre Dessertweine.

7) Ganz typisch *für / von* die Insel Chios sind Produkte mit dem Baumharz Mastix.

8) Viele Menschen in Deutschland engagieren sich aktiv *für / um* den Tierschutz.

9) Doch es kommt genauso oft vor, dass sich Menschen über Belästigungen *von / durch* Haustiere beschweren.

10) Sie reagieren auf das Miteinander von Mensch und Tier *mit / durch* Ablehnung.

11) Die einen freuen sich *über / auf* zukünftige Ereignisse, die anderen *an / über* jeden glücklichen Moment in ihrem Leben.

12) Am wichtigsten ist wohl, dass jeder *mit / von* seinem Leben zufrieden ist.

③ Viele Gefühle! Setzen Sie die richtige Präposition ein!

1) Sabine ist wütend . . . . . . ihre Mutter, sie streiten sich . . . . . . Sabines Outfit.

2) Sabines Mutter ist manchmal richtig böse . . . . . . ihre Tochter, doch das vergeht schnell.

3) Jan ist ganz verrückt . . . . . . Sabine.

4) Tommy ist leider sehr eifersüchtig . . . . . . Jan, den Freund von Sabines Bruder Christian.

5) Christian ist traurig . . . . . . , dass er sein Handy verloren hat.

6) Christians Vater ist stolz . . . . . . seine Kinder.

7) Ihr Onkel Harry ist offen . . . . . . ein Angebot, dass ihm ein Mitarbeiter gemacht hat.

8) Sabines und Christians Mutter ist manchmal neidisch . . . . . . das schicke Auto der Nachbarn.

9) Die Leute im Dorf sind etwas misstrauisch . . . . den Neuankömmlingen, das heißt, sie zweifeln . . . ., ob sie sich . . . . . . das Leben im Dorf angemessen anpassen werden.

10) Andererseits ist die Familie glücklich . . . . . . ihr neues Ferienhaus.

11) Den distanzierten Nachbarn . . . . verhalten sie sich zunächst einmal gleichgültig.

12) Die leider etwas unsympathischen Nachbarn sind empört . . . ., dass die Familie nicht regelmäßig ihr Auto wäscht.

13) Sabines und Christians Großmutter ist besonders lieb . . . . . . ihren Enkeln.

14) Sie ist gespannt . . . . , was aus den beiden einmal werden wird.

15) Sie ist immer wieder erstaunt . . . . . . deren Interessen, mit anderen Worten, sie wundert sich . . . . . . die Interessen ihrer Enkelkinder.

Aufgabe 35 - Heldenhaftes: Welches Verb passt?

1) Viele Filme der amerikanischen Filmindustrie handeln sich / handeln von Helden und ihren Taten.

2) Der Held reagiert / protestiert auf ein drohendes Unglück.

3) Normale Menschen ängstigen sich / sorgen sich vor einer tödlichen Gefahr.

4) Und immer gibt es eine Mitstreiterein, die sich in den Helden verliebt / beliebt.

5) Seltsame Ereignisse weisen / warnen auf die Gefahr hin.

6) Nur der Held versteht, wie sie miteinander verwandt / verbunden sind.

7) Er kämpft / kümmert sich mit seinen Mitstreitern um die Opfer und siegt / hilft am Ende über das Böse.

8) Nützlich / Charakteristisch für den Helden ist auch dessen Bescheidenheit.

9) Er ist im normalen Leben oft ein Sonderling, der sich nur von wenigen verstanden / abgelehnt wird.

10) Doch fühlt nur er sich dazu fähig / zuständig, die Gesellschaft von der Bedrohung zu befreien.

Aufgabe 36 - Streit in der WG - Setzen Sie die passenden Verben oder Präpositionen ein!

1) In Silvis Wohngemeinschaft gibt es Streit. Silvi regt sich mal wieder . . . . Thomas auf.

2) Thomas kann . . . . nur lachen und geht . . . . Silvis Argumente und Behauptungen nicht ein.

3) Markus kommt hinzu und sagt den beiden, dass sie endlich mit dem Streit . . . . sollen.

4) Thomas, der . . . . Markus eigentlich befreundet ist, ... sich darüber, dass sich Markus . . . . den Streit eingemischt hat und nicht . . . . ihn Partei nimmt.

5) Er erinnert sich jetzt . . . ., dass es in der Regel Markus ist, der immer mit dem Streiten . . . .

6) . . . . Silvi achtet keiner mehr. Sie hat sich allerdings . . . . gewöhnt, dass Thomas und Markus stundenlang über die unwichtigsten Dinge . . . . können.

7) Sie ist vollkommen . . . . überzeugt, dass sie an dieser verfahrenen Situation nichts . . . . kann.

8) Deshalb . . . . sie sich dazu, ihre Freundin Kerstin anzurufen, um sich mit ihr in ihrem Lieblingscafe zu . . . .

9) Sie möchte Kerstin sagen, dass sie . . . . einem neuen Zimmer in einer WG oder nach einer kleinen Wohnung . . . .

10) Sie ist fest davon . . . ., dass Kerstin ihr . . . . helfen kann, denn sie ist . . . . vielen Leuten bekannt und weiß immer, wenn jemand gerade umzieht.

Aufgabe 37 – Textrekonstruktion

Setzen Sie die passenden Verben oder Präpositionen ein.

<table>
<tr><td>

Exotisches Rheinland: Papageien in Düsseldorf

In indischen Städten sind Halsbandsittiche so häufig wie hier die Tauben. Der grell-grüne und laut kreischende Vogel __(1)__ aber inzwischen auch in Düsseldorf zum Stadtbild, zum Beispiel auf der eleganten Düsseldorfer Königsallee. Die exotischen Vögel sind an Futterstellen, Parks und Balkonen zu sehen und schlafen auf Bäumen mitten in der Stadt. Bei den Düsseldorfern und vor allem __(2)__ den Kindern sind sie sehr beliebt. Nur die Eigentümer der feinen Geschäfte auf der Königsallee können sich nicht __(3)__ ihre neuen bunten Nachbarn gewöhnen und __(4)__ von der Stadt, etwas gegen die gefiederten Nachbarn zu __(5)__. „Es gibt etwa 1000 Halsbandsittiche im Großraum Düsseldorf", schätzt der Vogelexperte Tobias Krause. In Köln sind es vielleicht doppelt so viele. Eigentlich sind die Papageien in Afrika und Asien zu Hause. Krause __(6)__ sich daran, dass der Siegeszug des fremden Vogels 1967 angefangen hat. Damals wurden in Köln die ersten Halsbandsittiche in freier Natur nachgewiesen. "Sie sind sehr wahrscheinlich __(7)__ Haltungen entflogen oder freigesetzt worden", erklärt das Bundesamt für Naturschutz (BfN) in Bonn. Dass der etwa 40 Zentimeter große Papagei sich so weit nördlich einnisten konnte, liegt wohl __(8)__ milden Klima am Rhein, dem reichlich vorhandenen Futter und Nistplätzen. __(9)__ die männlichen Halsbandsittiche ist der schwarze Ring um den Hals charakteristisch. „Sie mögen es gerne herrschaftlich", meint Tobias Krause, der bei der Landschaftsbehörde der Stadt Düsseldorf für wildlebende Tiere __(10)__ ist. „Psittacula krameri" trifft sich __(11)__ seinen Artgenossen gerne auf großen alten Bäumen und die stehen eben oft in Parks oder den Gärten von Schlössern, wie zum Beispiel in dem nahe gelegenen Hofgarten. Dort stehen ihre Schlafbäume mitten in der Stadt auf einer Insel in einem See. Ihre schrillen Schreie lassen sich __(12)__ keinem anderen Vogelgezwitscher vergleichen. Für Tobias Krause sind die Sittiche, die __(13)__ kein anderes Lebewesen schädlich sind, eine Kuriosität. „So bunt und extravagant, das __(14)__ zum karnevalistischen Rheinland."

</td><td>

(1) ________
(2) ________
(3) ________
(4) ________
(5) ________
(6) ________
(7) ________
(8) ________
(9) ________
(10) ________
(11) ________
(12) ________
(13) ________
(14) ________

</td></tr>
</table>

Aufgabe 38 – Fehlerkorrektur

Korrigieren Sie im folgenden Text die falschen Präpositionen oder Verben.

<table>
<tr><td>

Sehr geehrte Damen und Herren,

wir möchten uns Ihnen zunächst kurz vorstellen. Unser Unternehmen beschäftigt sich schon seit geraumer Zeit *bei* der Herstellung von Naturprodukten und vor allem von Seifen. Wir möchten auf diese Weise zu einer nachhaltigeren und umweltschonenden Wirtschaftsweise Beitrag. Unser Land ist ja zum Glück sehr arm an Rohstoffen für Naturkosmetik und pharmazeutische Produkte. Wir möchten uns allerdings in die Produktion von Seifen konzentrieren, da dieses Produkt ohne Plastikverpackung auskommt, die ja in hohem Maße für der Verschmutzung der Meere schuld ist. Unsere Mitarbeiter sind außerdem in der Herstellung von Seifen sehr erlernt, zumal dies auch heute noch eine traditionelle Arbeit in manchen Regionen unseres Landes darstellt. Wir tauschen uns überdies regelmäßig durch Produzenten im Ausland aus, die sich für dem Verkauf unserer Produkte interessiert sind.
Aus diesem Grunde haben wir uns dafür entschlossen, bei Ihrer Bank nach einem Kredit bitten, da wir wegen der hohen Nachfrage nach unseren Seifen an neue Maschinen investieren wollen. Wir stehen Ihnen für weitere Fragen natürlich jederzeit zur Verfügung und würden uns daran freuen, wenn wir von Ihnen eine positive Antwort erhielten, in der Sie Ihr Interesse in unserem Projekt zum Ausdruck bringen.

Mit freundlichen Grüßen
Konstantin Grouvas
Naturesoap GmbH

</td><td>

(0) *mit* ________
(1) ________
(2) ________
(3) ________
(4) ________
(5) ________
(6) ________
(7) ________
(8) ________
(9) ________
(10) ________
(11) ________
(12) ________

</td></tr>
</table>

2. Schritt: Das Subjekt

Erinnern Sie sich?

Übersicht 15: Das Subjekt

Regeln zum Subjekt
Regel Nr. 1: ⇨ Das Subjekt besteht in der Regel aus einem Nomen, einer Nomengruppe oder einem (stellvertretenden) Pronomen: Beispiel: ***Hans*** *beschließt, nach dem Essen Fahrrad zu fahren.* ***Der Vater von Hans*** *ist damit gar nicht einverstanden.* ***Er*** *findet, dass sein Sohn zuerst seine Hausaufgaben machen sollte.* ***Alle*** *glauben, dass Hans zu wenig für die Schule tut.* ***Seine Eltern, die*** *ihren Sohn sehr lieben, wollen natürlich nur das Beste für ihn.* ***Wer*** *weiß schon,* ***was*** *für Hans das Beste ist.*
Regel Nr. 2: ⇨ Ein Nebensatz oder eine Infinitivkonstruktion kann ebenfalls Subjekt sein (siehe Übersicht 16): Beispiel: ***Ob Hans auf seinen Vater gehört hat****, ist unbekannt.*
Regel Nr. 3: ⇨ Oft wird das Personalpronomen *es* als Platzhalter des Subjekts verwendet (Übersicht 16): Beispiel: ***Es*** *ist also ungewiss, ob Hans seine Hausaufgaben gemacht hat.*
Regel Nr. 4: ⇨ Das Subjekt steht immer im Nominativ. Es stimmt in Numerus und Person immer mit dem Verb überein. Wenn in einem Satz zwei Nominative stehen, zeigt diese Kongruenz, welcher Satzteil das Subjekt ist. Beispiel: ***Drei Leute*** *sind jeweils eine Arbeitsgruppe.* *Der Leiter der Arbeitsgruppe bist* ***du****, Hans.*
Regel Nr. 5: ⇨ Jeder Satz muss als notwendige Ergänzung des Verbs ein Subjekt besitzen. *Ausnahmen:* ✱ Der Imperativ: *Geht nach Hause.* ✱ Vorgangspassiv bei intransitiven Verben (Verben ohne Akkusativobjekt), wobei "es" Platzhalter ist Beispiel: *Heute wird gestreikt.* oder: *Es wurde heute gestreikt.* *Dem Kind wird geholfen.* oder: *Es wird dem Kind geholfen.*
Regel Nr. 6: ⇨ Das Pronomen *es* steht in den folgenden Fällen als Subjekt. **1)** Als Platzhalter für einen Nebensatz (siehe oben Regel 3), wobei es bei der Umstellung entfällt: Beispiel: *Es ist alles andere als sinnvoll, heute einen Entschuss zu fassen.* ⇨ *Heute einen Entschuss zu fassen, ist alles andere als sinnvoll.* **2)** Als Subjekt bei unpersönlichen oder unpersönlich gebrauchten Verben: Beispiel: *Es regnete den ganzen Tag.* *Es heißt, dass an diesem Tag absolute Windstille herrschte.*

Aufgabe 1 – Pronomen

① Wählen Sie das richtige Indefinitpronomen

1) *Niemand / Keine / Jeder* will als unattraktiv gelten und *etliche / alle / irgendwer* legen mehr oder weniger Wert auf ihr Äußeres.

2) Wem gefällt es schon, wenn *keiner / irgendwer / ein paar* behauptet, dass man ein ungepflegter Mitmensch sei.

3) *Keiner / Irgendwelche / Nichts* kann einem allerdings die Frage beantworten, was genau ein schöner Mensch ist.

4) *Wenige / Jede / Mancher* glaubt jedoch, Schönheit definieren zu können.

5) Dabei ist allerdings *nichts / kein / niemand* so subjektiv wie die Auffassung, die wir von Schönheit haben.

② Setzen Sie das richtige Pronomen ein.

1) .... hat die besseren Chancen auf einen Praktikumsplatz?

2) .... böse Stimmen behaupten, dass sich viele Personalchefs bei dieser Frage von subjektiven Faktoren beeinflussen lassen.

3) Dennoch gibt .... genug Dinge, ... man im Lebenslauf schreiben kann und .... das Interesse der Arbeitgeber wecken.

4) .... , die sich zum Beispiel ehrenamtlich für einen guten Zweck einsetzen, sollten ihr Engagement ruhig anführen.

5) .... sollte auch erwähnen, wenn man als Student nebenher gearbeitet hat, zum Beispiel als Nachhilfelehrer.

6) Am liebsten möchte .... natürlich einen Praktikumsplatz in einem großen und renommierten Unternehmen.

7) Gute und spannende Praktika gibt .... aber auch in kleineren mittelständischen Unternehmen.

8) .... suchen oft Praktikanten, denen .... anspruchsvollere Aufgaben als nur einfache Verwaltungsaufgaben übertragen.

9) Bei einem solchen Praktikumsplatz erhält .... oft auch eine Vergütung.

10) Wichtig ist auch, dass .... sich bei der Suche Zeit nimmt, denn nicht .... angebotene Praktikum ist gleich gut geeignet, damit .... auch wirklich etwas dazulernt.

Aufgabe 2 – Was passt?

es ist bekannt / es ist unwahrscheinlich / es ist selbstverständlich / es ist nicht sicher / es ist notwendig / es ist gestattet / es ist schade / es ist allgemein anerkannt / es ist erfreulich / es ist verständlich / ~~es ist unmöglich~~

0. Beispiel:

Man kann nicht darüber hinwegsehen, dass der Umweltschutz zu einem zweitrangigen Ziel geworden ist.

Es ist unmöglich darüber hinwegzusehen, dass der Umweltschutz zu einem zweitrangigen Ziel geworden ist.

1. Natürlich muss das Umweltbewusstsein auch in der Landwirtschaft wieder seinen Platz haben.

. . . . , dass das . . . .

2. Leider sehen viele Landwirte diese Notwendigkeit aber nicht ein.

. . . . , dass viele Landwirte. . . . .

3. Dass sie die erhöhten Kosten zugunsten einer nachhaltigen Landwirtschaft nicht übernehmen wollen, kann man leicht nachvollziehen..

. . . . , dass sie die erhöhten Kosten zugunsten einer nachhaltigen Landwirtschaft nicht übernehmen wollen.

4. Niemand glaubt daran, dass sich an dieser Haltung in naher Zukunft etwas ändern wird.

. . . . , dass sich an dieser Haltung in naher Zukunft etwas ändern wird.

5. Zum Glück dürfen Bauern bestimmte schädliche Pestizide nun nicht mehr verwenden.

Zum Glück . . . . den Bauern nicht mehr . . . ., bestimmte schädliche Pestizide zu verwenden.

6. Niemand weiß außerdem genau, welche Auswirkungen der Klimawandel letztlich haben wird.

. . . . , welche Auswirkungen der Klimawandel letztlich haben wird.

7. Alle Forscher nehmen an, dass vor allem Küstenregionen betroffen sein werden.

. . . . unter Forschern . . . . , dass vor allem Küstenregionen betroffen sein werden.

8. Auf alle Fälle müssen die entsprechenden Forschungsprojekte uneingeschränkt unterstützt und finanziert werden.

. . . ., dass die entsprechenden Forschungsprojekte uneingeschränkt unterstützt und finanziert werden.

9. Dass in diesem Zusammenhang Vertreter starker wirtschaftlicher Interessen intervenieren wollen, weiß die Öffentlichkeit natürlich schon lange.

. . . ., der Öffentlichkeit natürlich schon lange . . . ., dass in diesem Zusammenhang Vertreter starker wirtschaftlicher Interessen intervenieren wollen, .

10. Daher wird die Initiative vieler Regierungen begrüßt, sich verstärkt für den Kampf gegen den Klimawandel einzusetzen.

Daher . . . ., dass viele Regierungen sich verstärkt für den Kampf gegen den Klimawandel einsetzen.

Aufgabe 3 – Wie das Leben so spielt! – Setzen Sie die passenden Verben ein

es widerstrebt / es scheint / es gibt / es wundert mich / es geht um / es handelt sich / es bedarf / es freut mich / es überrascht mich / es sich leicht machen / ~~es noch weit bringen werden~~ / es auf etw.-jdn. abgesehen haben / es sei denn, dass / es gelingt mir / es kommt anders

0) *Beispiel: Wir werden im Leben noch viel erreichen, hatten wir Freunde uns nach Abschluss unseres Studiums versichert, und dabei an gute Arbeitsstellen in Deutschland, eine Familie, ein Häuschen usw. gedacht.*

Wir werden es noch weit bringen, hatten wir Freunde uns nach Abschluss unseres Studiums versichert, und dabei an gute Arbeitsstellen in Deutschland, eine Familie, ein Häuschen usw. gedacht.

1) Ich erfüllte diese Erwartungen nicht, denn ich wanderte kurzerhand aus, in eine eher unbekannte und unsichere Zukunft.

. . . . , denn ich wanderte kurzerhand aus, in eine eher unbekannte und unsichere Zukunft.

2) Der Entschluss kam so spontan, dass mir die Beweggründe hierfür auch heute noch immer nicht ganz klar sind.

. . . . um einen so spontanen Entschluss, dass mir die Beweggründe hierfür auch heute noch immer nicht ganz klar sind.

3) Ich freue mich aber darüber, dass ich ihn bis heute nicht bereut habe.

. . . . aber, dass ich ihn bis heute nicht bereut habe.

4) Nur ungern ziehe ich allerdings Vergleiche zwischen meiner alten und meiner neuen Heimat, auch wenn man mich oft dazu oft auffordert.

. . . . allerdings, Vergleiche zwischen meiner alten und meiner neuen Heimat zu ziehen, auch wenn man mich oft dazu auffordert

5) Häufig kann ich meine Eindrücke nämlich nicht treffend in Worte fassen.

Häufig. . . . . mir nämlich nicht, meine Eindrücke treffend in Worte zu fassen.

6) Meiner Meinung nach muss man mit seinen Urteilen sehr vorsichtig sein, weil man wenig Distanz zu den persönlichen Erfahrungen aus der alten Heimat hat.

Meiner Meinung nach. . . . . großer Vorsicht bei seinen Urteilen, weil man wenig Distanz zu den persönlichen Erfahrungen aus der alten Heimat, hat.

7) Die Neigung meiner Gesprächspartner, Vor- oder Nachteile des einen oder anderen Landes herauszustellen, finde ich aber immer wieder überraschend.

. . . . aber immer wieder, dass meine Gesprächspartner dazu neigen, Vor- oder Nachteile des einen oder anderen Landes herauszustellen.

8) Oft gibt man sich nämlich wenig Mühe, in seinem Urteil über die gängigen Klischees hinauszugehen.

. . . . macht man . . . ., und geht in seinem Urteil nicht über gängige Klischees hinaus.

9) Anscheinend will man in erster Linie überprüfen, ob das eigene Weltbild auch das richtige ist und Bestand hat.

. . . . , als wollte man in erster Linie überprüfen, ob das eigene Weltbild das richtige wäre und Bestand hätte.

10) Natürlich finden sich aber immer wieder Zuhörer, die wirklich an meinen Eindrücken interessiert sind.

Natürlich .... aber immer wieder Zuhörer, die wirklich an meinen Eindrücken interessiert sind.

11) Thematisiert wird in diesen Gesprächen in der Regel, wie im anderen Land das Alltagsleben bewältigt wird, was den Leuten Spaß macht und wie es mit der politischen und wirtschaftlichen Situation aussieht.

Dabei .... in diesen Gesprächen in der Regel dar ....., wie im anderen Land das Alltagsleben bewältigt wird, was den Leuten Spaß macht und wie es mit der politischen und wirtschaftlichen Situation aussieht.

12) Dabei muss ich mich oft darüber wundern, wie wenig wir Menschen eigentlich voneinander wissen und schließe mich selbst natürlich in diesen Gedanken ein.

Dabei .... oft, wie wenig wir Menschen eigentlich voneinander wissen und schließe mich selbst natürlich in diesen Gedanken ein.

13) Daran wird sich wohl auch nicht viel ändern, außer wenn wir alle plötzlich zu offenen und guten Zuhörern und Beobachtern werden.

Daran wird sich wohl auch nicht viel ändern, ..., wir werden alle plötzlich zu offenen und guten Zuhörern und Beobachtern.

14) Zum Schluss sei gesagt, dass ich nicht ständig meine früheren Landsleute kritisieren möchte, denn natürlich ist es jedermanns Recht, sich nicht wirklich für seinen Nachbarn zu interessieren und trotzdem eine Meinung über ihn zu besitzen.

Zum Schluss sei gesagt, dass ich .... nicht auf meine früheren Landsleute ...., denn natürlich ist es jedermanns Recht, sich nicht wirklich für seinen Nachbarn zu interessieren und trotzdem eine Meinung über ihn zu besitzen.

Übersicht 16: Nebensätze als Subjekt (Subjektsätze)

Hinweise zu den Subjektsätzen

Nebensätze, die für den Hauptsatz die Funktion des Subjekts übernehmen können, sind:

⇨ **Nebensätze mit „dass":**

Beispiel: *Dass die Kommunikation in einer Fremdsprache manchmal Überwindung kostet,* wird wohl von niemandem bezweifelt.
ODER
Es wird wohl von niemandem bezweifelt, dass die Kommunikation in einer Fremdsprache manchmal Überwindung kostet.

⇨ **Nebensätze mit „ob"**

Beispiel: *Ob man sich traut, in der Fremdsprache zu kommunizieren,* hängt aber auch vom Lernertyp ab.
ODER
Es hängt aber auch vom Lernertyp ab, ob man sich traut, in der Fremdsprache *zu kommunizieren.*

⇨ **Nebensätze, die von einem Fragewort eingeleitet werden**

Beispiel: *Wer keine Angst davor hat, Fehler zu machen,* hat sicher einen Vorteil.

⇨ **Infinitivsätze**

Beispiel: *Positives Feedback zu erhalten,* ermuntert natürlich jeden, der eine Fremdsprache erlernen will.
ODER
Es ermuntert natürlich jeden, der eine Fremdsprache erlernen will, *positives Feedback zu erhalten.*

⇨ **Uneingeleitete Nebensätze**

Beispiel: *Es* ist am besten, *jeder Lerner findet selbst heraus, was ihn am Sprechen in der Fremdsprache hindert.*

Aufgabe 4 – Die Jugend von heute – Setzen Sie die passenden Wörter ein

0) Beispiel: Ob eine Generation der anderen überlegen ist, ist immer wieder Thema von Gesprächen und Debatten.

1) . . . . die Jugend von heute immer schlimmer sei als die Jugend von gestern, wird vor allem von Vertretern der älteren Generation gerne behauptet.

2) . . . . ist aber gar nicht so sicher, wer oder . . . . . . genau diese Jugend von heute ausmacht.

3) . . . . sich nämlich alle jungen Leute in eine Schublade stecken lassen, ist ziemlich zweifelhaft.

4) Eher scheint es angemessener zu sein, von verschiedenen „Generationen“ . . . . . . sprechen, etwa von der „Generation Luxus“, der „Generation Maybe“ oder von der „Generation der Möglichkeiten“.

5) Allerdings . . . . . . es in der Regel so, dass viele Jugendliche am liebsten einfach nur in Ruhe gelassen werden wollen.

6) . . . . man sich mit ihnen vor allem deshalb beschäftigt, um sie zu verstehen, wird dabei aber von vielen übersehen.

7) Vielleicht ist . . . . . . sowieso besser, die Jugend definiert sich selbst.

8) Nur wird . . . . . . ihr kaum gelingen, den Unterschied zwischen persönlichem Empfinden und dem Gefühl, zu einer ganz speziellen Gruppe zu gehören, genau zu definieren.

9) Andererseits . . . . auch schnell einzusehen, dass auch die Kritiker der heutigen Generation nicht dazu in der Lage sind ihre eigene Jugendgeneration mit ein oder zwei Begriffen treffend beschreiben zu können.

10) Weniger kritisch zu . . . . und die eigenen Nerven . . . . . . schonen ist wohl der beste Rat, den man in dieser Situation geben kann.

Aufgabe 5 – Textrekonstruktion

Finden oder ergänzen Sie die Subjekte.

Schlafforschung: Ausreichender _(0)_ garantiert ein besseres Leben _(1)_ gut und genug schläft, hat etliche Vorteile im Leben: er lernt schneller, hat ein besseres Gedächtnis, weniger Krankheiten und eine schlankere Figur. Kein Wunder, dass _(2)_ intensiv untersuchen, wie viel Schlaf optimal ist. Durchschnittlich sollten _(3)_ bei Erwachsenen sieben Stunden Schlaf sein, acht bei Jugendlichen. Dagegen lernt nicht gut, _(4)_ regelmäßig zu wenig schläft, Reifung und Wachstum werden beeinträchtigt. _(5)_ kann sogar krank machen, dumm und dick, behaupten Schlafforscher. Wenn _(6)_ versucht den verkürzten Nachtschlaf tagsüber aufzuholen, tut man sich nur bedingt etwas Gutes, denn _(7)_ Nachtschlaf ist der gesündeste. Außerdem sollte der Mittagsschlaf nicht länger als eine halbe Stunde dauern, weil danach der Tiefschlaf beginnt und aus dem fällt _(8)_ Erwachen schwerer. _(9)_ mittags jemals in die bleierne Phase geraten ist, weiß, dass die Schlaftrunkenheit danach mindestens so lange andauert wie der Schlaf zuvor. _(10)_ mehr Schlaf bessere Schulleistungen ermöglicht, legt die Auswertung zumindest für Europa nahe. _(11)_ Jugendlichen, die nachts am längsten schlafen, kommen hauptsächlich aus Ländern mit guten Pisa-Ergebnissen wie den skandinavischen und den Benelux-Staaten. _(12)_ Gedächtnis - etwa für Vokabeln - bildet sich im Tiefschlaf; in der Nacht festigt sich das Wissen. Wie spät _(13)_ ins Bett geht, ist hingegen nicht so wichtig, wenn nur die Dauer stimmt. Die biologische Mitternacht ist nämlich erst um drei Uhr nachts und _(14)_ davor schon einschläft und dann genügend lange schläft, macht nicht viel falsch. _(15)_ gibt schließlich die Morgen- und Abendtypen, bei jungen und alten Menschen, und gerade Jugendliche wollen sich nicht exakt an die Norm halten, wonach _(16)_ erwachsener Deutscher im Durchschnitt von 23.00 Uhr bis 6.15 Uhr schläft.	(0) *Schlaf* (1) ____________ (2) ____________ (3) ____________ (4) ____________ (5) ____________ (6) ____________ (7) ____________ (8) ____________ (9) ____________ (10) ____________ (11) ____________ (12) ____________ (13) ____________ (14) ____________ (15) ____________ (16) ____________

Aufgabe 6 – Textrekonstruktion

Finden oder ergänzen Sie Subjekte.

__(0)__ Trend zum sogenannten Self Tracking äußert sich zum Teil in seltsamen Formen. In manchen Anwendungen sehen Mediziner aber durchaus Potenzial. Haben __(1)__ heute schon die Zähne geputzt, das Gesicht gewaschen und die gute Laune gemessen? Oder zumindest ihren Alkoholkonsum?. __(2)__ absurd klingt, könnte für manchen bald selbstverständlich sein. Fitnessarmbänder oder Fitness-Apps, mit denen Nutzer ihr Lauftempo oder ihre täglichen Schritte messen können, sind schon seit längerer Zeit sehr beliebt, aber der Trend zur Selbstoptimierung ist manchmal doch sehr kurios. __(3)__ Menschen glauben, dass sie etwas im Griff haben und kontrollieren, wenn sie es nur messen können. Es wird sogar prognostiziert, __(4)__ das so genannte Self Tracking, zu Deutsch Selbstüberwachung, noch ganz neue Dimensionen erreichen wird, denn in einer Gesellschaft, in der __(5)__ Leistung erbringen muss und die die Fitness verehrt, ist es von Vorteil, einen gesunden Körper __(6)__ haben. Apps zur vermeintlichen Verbesserung von Leben und Gesundheit gibt es genug. __(7)__ können ihr Gehör testen, ihren Stress kontrollieren oder sogar ihren Urin per Foto analysieren. Abgerundet wird das Angebot durch spezielle Internetseiten, in die __(8)__ Daten eingespeist werden können und die weitere Hilfestellungen bei Problemen leisten. Aber ist __(9)__ wirklich sinnvoll? Natürlich ist es zu begrüßen, wenn Menschen sich mit ihrer Gesundheit beschäftigen. Auf der anderen Seite macht __(10)__ die Flut der Apps oft schwierig herauszufinden, welche wirklich nützlich sind. Besonders beim Verdacht auf Krankheiten sollte __(11)__ sich darum besser an den Arzt wenden, statt sich auf die Ergebnisse einer App oder eines Selbstüberwachungsgerätes zu verlassen. Positiv ist aber, __(12)__ jeder Nutzer zumindest einen Überblick über Daten erhält, die für ihn wichtig sind.	*(0) <u>Der</u>* (1) ______ (2) ______ (3) ______ (4) ______ (5) ______ (6) ______ (7) ______ (8) ______ (9) ______ (10) ______ (11) ______ (12) ______

Aufgabe 7 – Textkorrektur Subjekte: Finden Sie die Fehler

Sehr geehrte Damen und Herren, der Trainer unserer zehnjährigen Tochter Ellie, *der* in Ihrem Verein seit einigen Jahren in der Leichtathletikgruppe mitmacht, hat uns vorgeschlagen, sie in das Wettkampfteam aufzunehmen. Es ist natürlich erfreulich, weil unsere Tochter offenbar ein sportliches Mädchen ist. Dass sie allerdings den Druck aushalten kann, der beim zukünftigen Training auf sie zukommt, wissen wir nicht. Er wäre deshalb nett von Ihnen, uns Ellies Programm genauer zu erklären. Wen betreut zum Beispiel die Kinder bei Wettkämpfen in einer anderen Stadt? Ist schon bekannt, wann die Kleinen regelmäßig von einem geschulten Sportmediziner oder Kinderarzt untersucht werden? Ist die zeitliche Belastung, wo Ellie erwartet, überhaupt angemessen? Allen, die wir gefragt haben, sagen uns, dass Leistungssport den Kindern mehr schadet als nützt. Auch die Sportlehrer von Ellie in der Schule hält ein tägliches mehrstündiges Training für übertrieben. Wie sie verstehen werden, sind wir sehr verunsichert. Deshalb wäre es sehr freundlich von Ihnen, uns auf unsere Fragen eine ausführliche Antwort geben. Mit freundlichen Grüßen *Franz und Mareike Maier*	(0) *<u>die</u>* (1) ______ (2) ______ (3) ______ (4) ______ (5) ______ (6) ______ (7) ______ (8) ______ (9) ______ (10) ______

Übersicht 17: Begleiter des Subjekts: Artikel und Artikelwörter, Adjektive und Partizipien

Begleiter des Subjekts: Artikel und Artikelwörter, Adjektive und Partizipien

Regel Nr. 1:

▶ Ist das Subjekt ein Nomen, wird es von einem Artikel oder von einem Artikelwort im Nominativ begleitet.
▶ Ausnahme: der unbestimmte Artikel besitzt keinen Plural!
Beispiel: *Der Hund hat einen Knochen geklaut.*

Merken ▸▸ Wann wird der unbestimmte, wann der bestimmte Artikel benutzt?

☛ der unbestimmte Artikel wird verwendet, wenn ein Nomen zum ersten Mal im Text steht, also vorher noch nicht erwähnt wurde *(Beispiel 1)* oder wenn das Nomen der Vertreter einer bestimmten Kategorie ist *(Beispiel 2)*!
Beispiel 1: *Ein Hund jagt eine Katze. Der Hund, der die Katze jagt, ist groß und schwarz.*
Beispiel 2: *Ein Hund ist ein Säugertier.*

☛ der bestimmte Artikel wird verwendet, wenn das Nomen etwas Einmaliges beschreibt *(Beispiel 1)*, wenn es zuvor schon einmal erwähnt wurde *(Beispiel 2)* oder wenn es durch ein Attribut (Relativsatz, Genitivattribut, Superlativ) näher bestimmt wird *(Beispiel 3)*.
Beispiel 1: *Der Eiffelturm steht in Paris.*
Beispiel 2: *Es soll hier einen alten Stadtturm geben. - Ja, der Stadtturm steht gleich neben dem alten Rathaus.*
Beispiel 3: *Der Stadtturm, der gleich neben dem alten Rathaus steht, ist sehenswert.*
Der Stadtturm der Stadt Innsbruck ist sehenswert.
Der schönste Stadtturm steht meiner Meinung nach in Innsbruck.

Regel Nr. 2:

▶ Das Nomen kann von einem Adjektiv oder von einem als Adjektiv gebrauchten Partizip begleitet werden:

- Endungen mit bestimmtem Artikel: **-e, -e, -e, -en**
- Endungen mit unbestimmtem Artikel: **-er, -e, -es**
- Endungen ohne Artikel: **-er, -e, -es, -e**

Beispiele: ***Der große*** *Hund vom Nachbarn bellt den ganzen Tag.*
Kleine *Hunde bellen mehr als* ***große*** *Hunde.*

Regel Nr. 3:

▶ Nach diesen Artikelwörtern werden Adjektive wie nach dem bestimmten Artikel dekliniert:

- dieser, jeder, jener, derselbe, derjenige, welcher, mancher
- im Plural: alle, beide, sämtliche, irgendwelche, keine, meine (alle Possessivpronomen im Plural)

Beispiele: ***Dieser wunderschöne*** *Retriever ist ausgesprochen kinderlieb.*
Seine blauen *Papageien sind sehr kluge Tiere.*

▶ Nach diesen Artikelwörtern werden Adjektive im Singular wie nach dem unbestimmten Artikel dekliniert:

- irgendein, kein, mein (alle Possessivpronomen im Singular)

Beispiele: ***Irgendeine schwarze*** *Katze war ihm über den Weg gelaufen.*
Ihr schwarzer Kater *war es allerdings nicht, denn er schläft auf dem Stuhl in der Sonne.*

Bildung der Partizipien:

- Partizip I: Infinitiv-Stamm + **-d** + Adjektivendung

Beispiel: *Der schreibende Student.*

Merken ▸▸

Das Partizip 1 hat aktive Bedeutung.
Beispiel: *Der schreibende Student. = Der Student, der schreibt.*

- Partizip II: Partizip Perfekt + Adjektivendung

Beispiel: *Der geschriebene Text.*

Merken ▸▸

Das Partizip 2 hat die folgenden Bedeutungen:
1) passive Bedeutung (vorzeitig)
Beispiel: *Die geschlossene Straße: = Die Straße, die geschlossen wurde. ODER*
2) Zustandspassiv (gleichzeitig)
Beispiel: *Das geschlossene Museum. = Das Museum, das geschlossen ist.*
3) Selten: aktive Bedeutung (vorzeitig)
Beispiel: *Der eingefahrene IC 123 fährt weiter nach Karlsruhe. = der IC, der eingefahren ist, fährt weiter nach Karlsruhe.*

Aufgabe 8 – Studenten auf Wohnungssuche: bestimmter oder unbestimmter Artikel? Wählen Sie!

1) Die geeigneten / Geeignete Unterkünfte für die Studenten sind in deutschen Universitätsstädten nur schwer zu finden
2) Die / Eine erschwingliche Studentenwohnung ist vor allem auf dem freien Wohnungsmarkt kaum zu haben.
3) Die ausländischen / Ausländische, aber auch die deutschen / deutsche Studenten beginnen daher mit der Wohnungssuche schon in den Semesterferien, wenn sie sich sicher sind, dass sie an der von ihren gewünschten Uni einen Studienplatz erhalten haben.
4) Eine / Die kurzfristige Unterkunft wird von Jugendherbergen, Hostels und Ferienwohnungen angeboten.
5) Den Studenten steht in einigen Unistädten neben dem freien, aber teuren privaten Wohnungsmarkt aber auch das alternative / ein alternatives Projekt zur Verfügung.
6) Junge / Die jungen Leute können in Alten- und Seniorenheimen eine preiswerte Unterkunft finden.
7) Bewohner / Die Bewohner des Altenheims werden dafür acht bis zwanzig Stunden von den Studenten beschäftigt.
8) Befragte / Die befragten Studenten sind mit diesem Angebot durchweg zufrieden.
9) In einem langem Auswahlgespräch werden zukünftige neue / die zukünftigen neuen Bewohner unter anderem auch auf den Umgang mit alten, zum Teil dementen Menschen vorbereitet.
10) Wenige / Die wenigen Nachteile dieses Projekts sind schnell aufgezählt: kein extensiver Alkoholkonsum, keine wilden Partys und allgemeine Rücksichtnahme auf die Bedürfnisse der Mitbewohner.

Aufgabe 9 – Studenten auf Wohnungssuche: bestimmter oder unbestimmter Artikel? Wählen Sie

1) Hoh. . . Miete und hoh. . . Lebenshaltungskosten? . . . . . gut. . . Möglichkeit, sich neben dem Studium etwas dazu verdienen zu können, ist . . . . . Studentenjob.
2) Doch . . . . . mehrjährig. . .Studium ist teuer.
3) Zum Glück bieten . . . . . verschieden.... Jobbörsen in den Universitätsstädten geeignete Studentenjobs an.
4) Vor allem in den Bereichen Gastronomie, Promotion und Tourismus werden immer wieder flexibl.... und jung.... Arbeitskräfte gesucht.
5) Den Studenten werden dabei hauptsächlich kurzfristig.... Arbeitsverhältnisse angeboten.
6) Bei den so genannten Minijobs liegt . . . . . steuer- und abgabenfrei. . . Verdienstgrenze momentan bei ca. 450 € im Monat.
7) Risikofreudiger. . . Studenten machen sich sogar teilweise selbstständig, um ihr Einkünfte zu erhöhen.
8) . . . . . ander.... Weg steht denen offen, die an der Universität und in ihrem Fachbereich einen Job suchen.
9) Studentisch.... Hilfskräfte werden nämlich immer wieder gesucht.
10) . . . . . Vorteil liegt auf der Hand, denn als studentische Hilfskraft hat man Kontakt zu Professoren oder wissenschaftlichen Mitarbeitern und man erhält Einblick in den wissenschaftlichen Betrieb an der Universität.

Aufgabe 10 – Neu an der Uni: Partizip I oder Partizip II?

1) Frisch backende / gebackene Studenten müssen sich am Studienort oft erst noch eingewöhnen.
2) Das pulsierende / pulsierte Leben in der Unistadt betrifft sie zunächst noch nicht, weil sie niemanden kennen, mit dem sie ausgehen oder das Studentenleben genießen könnten.
3) Die drohende / gedrohte Einsamkeit kann nur abgewendet werden, wenn man aktiv wird, Leute anspricht und sich klar macht, dass es den anderen auch nicht besser geht.
4) Passende / Gepasste Freizeitangebote sind vor allem für diejenigen geeignet, die die Masse der Studenten im Hörsaal eher erdrückt.
5) Ob Unisport, Hochschulchor oder -orchester, Uni-Kino, die Arbeit in der Fachschaft oder als studentische Hilfskraft, eine zielende / gezielte Suche nach interessanten Aktivitäten führt meistens zum Ziel.
6) Eine lohnende / gelohnte Idee ist auch das Studium Generale mit seinen zahlreichen Veranstaltungen.
7) Darüber hinaus werden von den Universitäten vielfältige Sprachkurse angeboten und die auffrischenden / aufgefrischten oder neu erwerbenden / erworbenen Fremdsprachenkenntnisse polieren zugleich noch der Lebenslauf auf.
8) Das die Persönlichkeit formende / geformte Studium wird so zu einem Lebensabschnitt, an den man gerne zurückdenkt.

Aufgabe 11 – Textrekonstruktion - Ergänzen Sie die fehlenden Wörter

Analphabeten in Deutschland

Ohne Lesen und Schreiben in einer Welt voller Buchstaben

E-Mails, Bücher, eine schöne Zeitschrift: Den meisten von uns erscheint (0) ganz selbstverständlich, lesen zu können. (1), so glauben wir, gibt es höchstens in den Entwicklungsländern – dort, wo (2) Kinder nicht in die Schule gehen können. Doch das ist falsch: Auch bei uns in Deutschland kann fast (3) zehnte Erwachsene nicht richtig lesen und schreiben. Wie aber kommt (4) dazu? Und was kann man tun?

(5) meisten von uns lernen erst in der Vorschule oder der ersten Klasse allmählich das Alphabet kennen und dann einzelne Wörter, später Sätze zu lesen und zu schreiben. Als komplett "alphabetisiert" gilt ein (6) üblicherweise ab der dritten Klasse. Dann kann (7) selbstständig Texte lesen und schreiben. Doch 7,5 Millionen Menschen in Deutschland können genau das nicht – obwohl sie bereits erwachsen sind. Sie gelten als funktionale Analphabeten. Das bedeutet, dass (8) Lese- und Schreibfähigkeiten weit unter dem Niveau in unserem gesellschaftlichen Alltag liegen. Oft können die Betroffenen einzelne Wörter erkennen, doch bei längeren Sätzen oder gar ganzen Texten geraten (9) ins Stocken. Auch verstehen sie nicht immer, was sie gerade gelesen haben.

Wie aber kann es bei uns dazu kommen, dass (10) nicht lesen oder schreiben kann? (11) Betroffene haben wegen einer Krankheit oder häuslichen Probleme im ersten Schuljahr so oft gefehlt, dass ihnen schlicht die Basis fehlt. Sie schaffen es dann nicht mehr, das Verlorene aufzuholen und haben dann so viele Schwierigkeiten im Unterricht, dass sie irgendwann innerlich aufgeben. (12) schummeln sich dann nur noch so durch oder werden, als vermeintlich Lernbehinderte in die Sonderschule geschickt. Auch die (13) Förderung in der Familie spielt eine Rolle. Oft stammen die Analphabeten aus bildungsfernen Elternhäusern. Haben die (14) keinen Schulabschluss, so laufen (15) Kinder verstärkt Gefahr, nur eingeschränkt lesen und schreiben zu lernen, wie eine Studie ergab. (16) Analphabetismus kommt aber auch häufiger bei Menschen vor, die als Erwachsene aus Krisen- oder Kriegsgebieten nach Deutschland kommen. Sie haben nie Lesen und Schreiben gelernt, Wegen Armut, Krieg oder anderen Notsituationen oder weil es keine Schulen gab, war es ihnen einfach nicht möglich, Lesen und Schreiben (17) lernen.

Für die Betroffenen wird dieses Manko oft zu einer doppelten Belastung. Zum einen haben sie enorme Probleme, selbst alltägliche Dinge zu bewältigen. Amtliche Formulare auszufüllen, Briefe oder den Beipackzettel eines Medikaments zu lesen, schaffen (18) oft nicht. Obwohl sie dringend Hilfe bräuchten, ist es vielen peinlich, ihre Schwäche zuzugeben. Oft erfinden sie Ausreden, um Situationen zu vermeiden, in denen sie etwas lesen oder schreiben müssen.

(19) Versteckspiel und das Gefühl, etwas für andere Selbstverständliches nicht zu können, hat auch psychische Folgen, denn das Selbstvertrauen leidet, (20) empfinden Wut gegen sich selbst und fühlen sich mutlos, unfähig und dumm.

Analphabetismus ist aber (21) unabänderliches Schicksal. Auch als Erwachsener kann (22) noch Lesen und Schreiben lernen. In vielen Orten in Deutschland gibt es heute spezielle Kurse zum Lesen- und Schreibenlernen für sie. Allerdings gilt auch, (23) bisher weniger als 20.000 Erwachsene in Deutschland einen Alphabetisierungskurs besuchen. (24) Angebote werden vor allem von jungen Menschen nicht genutzt, sodass mittlerweile auch Alphabetisierungskurse über das - anonyme - Internet angeboten werden.

(0) *es* ______
(1) ______
(2) ______
(3) ______
(4) ______
(5) ______
(6) ______
(7) ______
(8) ______
(9) ______
(10) ______
(11) ______
(12) ______
(13) ______
(14) ______
(15) ______
(16) ______
(17) ______
(18) ______
(19) ______
(20) ______
(21) ______
(22) ______
(23) ______
(24) ______

Aufgabe 12 – Textrekonstruktion (Substantive, Artikelwörter und Verben)

Ergänzen Sie die fehlenden Wörter.

Knödel, Eintopf und Vanillepudding sind out. Heutzutage findet _0_ auf den Speisekarten der Restaurants in Deutschland mindestens genauso häufig Pasta Arrabbiata, Currys oder frische Speisen aus dem Wok. In den Restaurants und auch in den deutschen Haushalten hat die (1) Küche Einzug gehalten und die Essgewohnheiten der Deutschen erheblich (2). Woher kommen das Interesse und die Lust auf exotische Speisen - und (3) wird aus der typisch deutschen Küche?

In (4) größeren Stadt in Deutschland gibt es längst nicht mehr nur italienische, chinesische oder griechische Restaurants. Die Seychellen, Hawaii, Peru, Libanon, Malaysia – sie alle kann man zum Beispiel in München bei einem Restaurantbesuch kulinarisch (5) lernen. Auch zu Hause probieren die Deutschen beim Kochen immer öfter Neues (6). Beim Internetanbieter Amazon (7) man derzeit ca. 5.000 deutschsprachige Kochbücher mit internationalen Rezepten bestellen, die deutsche Rezeptplattform www.chefkoch.de (8) eine Unmenge von internationalen Gerichten zum Nachkochen an, und es (9) Lebensmittelmarken, die sich ausschließlich auf Zutaten für die internationale Küche spezialisiert (10).
Die Deutschen (11) schon seit den 1960er Jahren äußerst reiselustig. Sie freuen sich, wenn sie die (12), die sie im Urlaub kennen gelernt haben, auch zu Hause genießen können. In Folge der ersten größeren Reisewellen während des so genannten Wirtschaftswunders (13) daher vor rund fünfzig Jahren die (14) Pizzerien in Deutschland eröffnet. Ihnen folgten spanische und griechische (15) sowie die (damals noch) jugoslawischen Gaststätten. (16) es in Deutschland so viele chinesische Restaurants gibt, hat zwar andere Gründe, zeugt aber auch von der kulinarischen Abenteuerlust der deutschen Restaurantbesucher. Aber nicht nur in Restaurants und Gaststätten geht (17) international zu, sondern auch in den heimischen Küchen und Vorratsschränken. Wo man noch vor ein paar Jahrzehnten Maggi-Würze und Perlgraupen (18) hätte, stehen nun Kokosmilch, getrocknete Chilischoten und frisches Basilikum im Regal. (19) probiert munter aus, studiert Rezepte und sucht in Asia-Shops und auf dem Markt nach den passenden Zutaten. (20) Lebensmittelindustrie hat den Trend schon vor fast zwanzig Jahren (21): Bereits im Jahr 1993 wurde von einem großen Nahrungsmittelkonzern eine Studie zum Thema cccEthnic Food“ in Auftrag (22). Vielleicht auch als Resultat dieser Studie (23) es in größeren Supermärkten heute ganze Regale voller Zutaten, die den Deutschen die (fast) authentische Zubereitung von Sushi, Borschtsch oder Souvlaki ermöglichen.Wie auch immer die Meinungen zu dieser Entwicklung (24), die vielfältigen (25) Einflüsse auf deutsche Essgewohnheiten sind nicht mehr zu stoppen. Vielleicht kann aber die Vielfalt der Möglichkeiten dazu (26), die zunehmenden ernährungsbezogenen Gesundheitsprobleme in Deutschland zu lösen. Vielleicht entstehen aus so manchen Experimenten in deutschen Küchen (27), die man wirklich keinem Land mehr zuordnen kann. Vielleicht geraten über die Neugier auf unbekannte Zutaten manche (28) Spezialitäten tatsächlich vorübergehend in Vergessenheit - und (29) später wiederentdeckt. Der spielerische Umgang mit neuen Gewürzen und Zubereitungsarten (30) jedenfalls einfach Spaß und ist dem Griff zur Dosensuppe auf jeden Fall vorzuziehen.

(0) man
(1) ______
(2) ______
(3) ______
(4) ______
(5) ______
(6) ______
(7) ______
(8) ______
(9) ______
(10) ______
(11) ______
(12) ______
(13) ______
(14) ______
(15) ______
(16) ______
(17) ______
(18) ______
(19) ______
(20) ______
(21) ______
(22) ______
(23) ______
(24) ______
(25) ______
(26) ______
(27) ______
(28) ______
(29) ______
(30) ______

Aufgabe 13 – Textkorrektur

<table>
<tr><td>Sehr geehrte Frau Zwinkel,

gestern erfuhren wir, dass unserer Tochter zu den Schülern gehört, die in diesem Jahr
am Erasmus-Programm teilnehmen werden. Die Freunde war, wie sie sich vorstel-
len können, sehr groß und an dieser Stelle möchten wir uns für Ihr Engagement noch
einmal ganz herzlich bedanken.Wir haben aber noch einige wenige Fragen in Bezug
auf den Aufenthalt unserer Tochter in Italien und auf unsere Rolle als Gastgeber, wenn
das Gegenbesuch aus Italien kommt.Ganz wichtig ist es für uns zu wissen, dass für
den Aufenthalt sowohl im Ausland als auch hier eines bestimmtes Programm geplant
ist oder ob sich ausschließlich die Gasteltern um die Schüler kümmern. Ist das so,
dass für die Gasteltern in der Schule einen bestimmter Ansprechpartner zur Verfügung
steht? Wir würden auch noch gerne erfahren, sofern was schon bekannt ist, wann
genau die Austauschschülern an unsere Schule kommen, damit wir uns darauf jetzt
schon einstellen können.Über Ihr baldige Antwort würde ich mich sehr freuen.

Mit freundlichen Grüßen
Rita Buchsbaum</td>
<td>

(0) unsere
(1) ____________
(2) ____________

(3) ____________
(4) ____________
(5) ____________
(6) ____________
(7) ____________
(8) ____________
(9) ____________
(10) ____________</td></tr>
</table>

3. Schritt: Syntax

Erinnern Sie sich?

Übersicht 18: Der Hauptsatz

Regeln zum Satzbau im Hauptsatz

Regel Nr. 1:

✔ das konjugierte Verb steht immer an Position 2, nicht konjugierte Verbteile befinden sich am Ende des Satzes
Beispiel: Hans *geht* ins Schwimmbad. Er *muss* für den Wettkampf *trainieren.*

Regel Nr. 2:

✔ das Subjekt steht an Position 1 oder 3.
Beispiel: *Hans* geht ins Schwimmbad. Heute muss *er* für den Wettkampf trainieren.

Regel Nr. 3:

✔ im Mittelfeld befinden sich die Objekte und weitere Ergänzungen.
gewöhnliche Reihenfolge: Dativ vor Akkusativ.
Beispiel: Der Trainer zeigt *den Kindern die richtige Technik.*
Personalpronomen befinden sich (nach dem Verb) so weit links wie möglich im Satz, werden sowohl das Dativ- als auch das Akkusativobjekt durch ein Pronomen ersetzt, ändert sich die Reihenfolge, also:
Beispiel:
(1) Der Trainer zeigt den Kindern die richtige Technik.
(2) Der Trainer zeigt ihnen die richtige Technik.
(3) Der Trainer zeigt sie den Kindern.
(4) Der Trainer zeigt sie ihnen.

Regel Nr. 4:

✔ vorgeschlagene Reihenfolge von adverbialen und präpositionalen Angaben:
Subjekt - Verb - Temporal (wann, bis wann, seit wann etc) - Dativobjekt (oder: Dativobjekt - Temporal) - kausal (warum) - modal (wie, wie oft etc.) - Akkusativobjekt - lokal (wo, wohin? Woher) - Präpositionalobjekt.

Beispiele:
(1) Hans geht *ins Schwimmbad.*
(2) Hans geht *heute ins Schwimmbad.*
(3) Hans geht *heute wegen des Wettkampfs ins Schwimmbad. ABER AUCH: Hans geht wegen des Wettkampfs heute ins Schwimmbad.*
(4) Hans geht *heute wegen des Wettkampfs in aller Eile ins Schwimmbad.*
(5) Der Trainer zeigt heute *einem Kind* (unbekanntes Dativobjekt) die geeignete Technik.

ABER AUCH: Der Trainer zeigt *den Kindern* (bekanntes Dativobjekt) *heute* die geeignete Technik.
(6) Der Trainer zeigt den Kindern *heute wegen des Wettkampfs* die geeignete Technik.
(7) Der Trainer zeigt den Kindern *heute wegen des Wettkampfs sehr genau* die geeignete Technik.
(8) Der Trainer interessiert sich *heute wegen des Wettkampfs besonders* für die geeignete Technik *auf dem Spielfeld.*

Regel Nr. 5:

✔ geht dem Hauptsatz ein Nebensatz voraus, steht das Verb des Hauptsatzes direkt nach dem Komma.
Beispiel: *Wenn Hans gut in Form ist, kann er den Wettkampf vielleicht gewinnen.*

Aufgabe 1

Bilden Sie aus den folgenden Wörtern Sätze (jeweils bis zum Bindestrich „-“, wo vorhanden).

1. Partner / eingeht / Beziehung / ein / eine / Wenn / neuen / Elternteil / einem / mit - Stiefmutter / nannte / diesen / man / bzw. / früher / Stiefvater

....

....

2. eine / man / Patchworkfamilie / Heute / zusammengewürfelte / nennt / Lebensgemeinschaft / neu - lustiger / das / klingt / viel / denn

....

....

3. Kleinfamilie / normale / Die – Kind / und / aus / Mama / Papa / bestehend - heute / ist / Norm / die / nicht mehr

....

....

4. 7 bis 13 / deutscher / Prozent / Ungefähr / Familien - man / so / schätzt - zusammen / leben / als / heute / Patchworkfamilie

....

....

5. gibt / nicht / Statistiken / aber / Genaue / es – Auskunft / könnten / die / geben

....

....

6. so / Wunder / bei / Varianten / kein / vielen / Das / auch / ist - Vater / entweder / der / oder / der / die / Kinder / Mutter / neue / Beziehung / denn / hat / die

....

....

7. in / Natürlich / leben / beiden / von / Kinder / Familie / Elternteilen / können / auch / die / der

....

....

8. Manchmal / früheren / die / Kinder / kommen / Wochenende / Besuch / aus / zu / auch / einer / am / Beziehung

....

....

9. Es / oft / Nachwuchs / Familie / der / neuen / gemeinsamen / in / gibt / auch

....

....

10. eben / anders / Patchworkfamilie / ist / Jede - anders / ihrer / in / Zusammensetzung / - anders / und / Familienleben / ihrem

....

....

Übersicht 19: Hauptsatzkonnektoren

Hauptsatzkonnektoren

1. Hauptsatzkonnektoren:

☛ **auf der Nullposition stehen: aber (doch), denn, und, sondern, oder**

Beispiele:
Max ist Mitglied in einem Sportverein und Tim hilft regelmäßig bei einem Nachbarschaftsprojekt mit, aber Claudia will mit alledem nichts zu tun haben.

2. Doppelkonjunktionen:

☛ **geordnet nach der Stellung des Verbs / der Verben**

(1) sowohl ... als auch, entweder... oder, weder ... noch, nicht nur ... sondern ... auch
(2) zwar ... aber
(3) je ... desto

Beispiele:
(1) *Sowohl Max als auch Tim* ***gehen*** *ihrer Freizeitaktivität regelmäßig nach.*
(2) *Zwar* ***möchte*** *auch Claudia aktiv werden, aber es* ***fällt*** *ihr schwer, ihre Trägheit zu überwinden.*
(3) *Je begeisterter ihre Freunde von ihren Aktivitäten* ***sind****, desto sturer* ***beharrt*** *sie darauf, lieber zu Hause zu bleiben.*

Aufgabe 2 - Setzen Sie die richtigen Konnektoren aus Übersicht 19 ein

1. Jedes Kind muss das Gefühl haben, dass es ernst genommen wird, ... nur so kann es zu seiner Familie Vertrauen entwickeln.

2. Kinder sind für vergleichsweise lange Zeit auf die Fürsorge und den Schutz von Erwachsenen angewiesen, um sich zu entwickeln, ... diese Entwicklung hängt in hohem Maße von der emotionalen, sozialen und intellektuellen Kompetenz der Eltern ab.

3. . . . . erhalten die Kinder durch ihre Eltern eine optimale Unterstützung . . . . ihre Fähigkeiten bleiben hinter ihren Möglichkeiten zurück.

4. Viele Forscher glauben . . . . , dass die Entwicklung eines Kindes bis zum dritten Lebensjahr weitgehend abgeschlossen ist, ... es gibt immer mehr Anhänger der Theorie, dass das Entwicklungsstadium in diesem Alter nur vorläufig ist.

5. . . . . nur die Wahrnehmungsfähigkeit,. . . . . auch Verhaltensstrukturen können durch die Interaktion mit anderen Menschen auch später noch ausgeformt werden.

6. Jedes Kind braucht . . . . ein breites Spektrum an Herausforderungen und Anregungen als . . . . das Gefühl von Geborgenheit und Sicherheit, um seine Anlagen voll zu entfalten.

7. Das heißt, dass es auch eigene Erfahrungen machen muss, um seine soziale und intellektuelle Kompetenz zu entwickeln, ... auch, dass es geeignete Vorbilder braucht, die es nachahmen kann.

8. Beide, Erfahrungen und Vorbilder, stehen nicht isoliert da, ... werden von dem Kind mit dem, was bereits an Erfahrungen vorhanden ist, in Beziehung gesetzt und verarbeitet.

9. . . . . gut gemeinte Ratschläge . . . . warnende Hinweise, die möglicherweise nur Unsicherheit und Angst auslösen, unterstützen das Kind am wirksamsten bei seiner Entwicklung, ... das Vertrauen in die eigenen Möglichkeiten und Fähigkeiten, Probleme zu lösen . . . . schwierige Situationen gemeinsam mit anderen Menschen zu meistern und das Vertrauen darauf, in der Welt sicher und geborgen zu sein.

Aufgabe 3 - Doppelkonjunktionen:

Korrigieren Sie die folgenden Sätze indem Sie passenden Doppelkonjunktionen einsetzen.

1) Alle kennen dieses Gefühl: zwar älter man wird, aber schneller rast die Zeit an einem vorbei.

....

2) Sowohl fühlte sich früher ein Jahr noch wie ein ganzes langes Jahr an, als auch die Wartezeit auf spezielle Ereignisse wie Weihnachten wollte überhaupt nicht vergehen.

....

....

3) Denn als älterer Mensch fragt man sich: „Was, schon wieder Weihnachten?", aber das Jahr scheint wie im Flug vergangen zu sein.

....

4) Entweder aus dem Alltagsleben oder in der Forschung ist dieses Phänomen bekannt.

....

....

5) Zwar die Ansicht, dass jeder eine bestimmte Zeitspanne automatisch in Relation zum bisher gelebten Leben setze, aber diejenige, dass die Angst vor dem Tod dieses Zeitgefühl hervorrufe, sind dabei plausibel.

....

....

6) Nicht nur empfinden Berufstätige den Zeitmangel intensiv, sondern auch 65-Jährige haben das Gefühl, die Uhren tickten plötzlich wieder langsamer, wenn sie in den Ruhestand gehen und die Welt neu entdecken.

....

....

7) Wahrscheinlich sind weder das Gedächtnis noch unsere eigenen Aktivitäten für die Zeitwahrnehmung entscheidend.

....

8) Nicht nur erinnern wir uns an viele Ereignisse an einem Tag, sodass uns die Zeitspanne länger vorkommt, sondern wir tun oder erleben auch wenig, sodass die Zeit für uns schnell vergeht.

....

....

Aufgabe 4 - Fehlerkorrektur (Syntax und Konjunktionen)

Sehr geehrte Damen und Herren,	
auf der Internetseite der Stadt *ich habe* Ihren Veranstaltungskalender entdeckt. Mich	(0) *habe ich*
interessiert das Seminar für Zeitmanagement und Lerntechniken, das sich sowohl an Schüler	
als noch an Studenten wendet. Dieses Seminar würde mich sehr interessieren, weil ich zur Zeit	(1) ______________
an der Technischen Hochschule Architektur studiere. Ich möchte entweder nur mein Studium	(2) ______________
effektiver absolvieren, sondern noch mein Zeitmanagement zukünftig verbessern.	(3) ______________
Ich würde gerne das gesamte Seminar besuchen, aber mache ich im Juni ein dreiwöchiges	(4) ______________
Praktikum in einer anderen Stadt. Heißt das, dass ich drei Unterrichtsabende verpassen werde.	(5) ______________
Können Sie mir in diesem Fall die Unterrichtsunterlagen zuschicken oder wird die Lehrveran-	
staltung vielleicht aufgezeichnet? Aber geben Sie den Seminarteilnehmern eine Art Broschüre	(6) ______________
mit allen Unterrichtsinhalten, sodass ich den Stoff nacharbeiten kann?	(7) ______________
Zuletzt möchte ich noch etwas wissen. Die Teilnehmerzahl ist begrenzt oder ich mich auch	(8) ______________
noch später anmelden kann? Aus dem Veranstaltungskalender geht das nämlich nicht hervor.	
Je schneller Sie mir antworten könnten, noch besser!	(9) ______________
Ich möchte für Ihre Mühe mich schon jetzt bedanken.	(10) ______________
Mit freundlichen Grüßen	
Maja Knopf	

Übersicht 20 - Verbindungsadverbien

Hinweise zu den Verbindungsadverbien (Konjunktionaladverbien)

Funktion: Verbindungsadverbien (auch Konjunktionaladverbien) verbinden Sätze inhaltlich miteinander, sie sind im Gegensatz zu den Konjunktionen aber eigenständige Satzglieder

---

◆ Hinweis Nr. 1:

Verbindungsadverbien stehen auf der ersten Position oder im Mittelfeld

Beispiel:

Das Auto von Herrn Müller ist in der Werkstatt, deshalb fährt er heute mit dem Bus zur Arbeit.

ODER

Das Auto von Herrn Müller ist in der Werkstatt, er fährt deshalb heute mit dem Bus zur Arbeit.

◆ Hinweis Nr. 2:

Zu den Verbindungsadverbien gehören:

Gruppe 1: verbindend, aneinanderreihend (Kopulativ) - wichtige Adverbien:

zum Beispiel: zuerst, zunächst, daneben, zugleich, hierbei, überdies, ebenso, dann, darüber hinaus, außerdem, ferner, zudem, zusätzlich, schließlich

Beispiel:

Zunächst stellen sich die Spielteilnehmer in einer Reihe auf.
Dann erklärt der Spielleiter noch einmal die Spielregeln.
Zudem können die Spieler sich noch ein letztes Mal untereinander beraten.
Schließlich beginnt das Spiel.

Gruppe 2: zeigt den Grund oder eine Folge an (kausal und konsekutiv) – wichtige Adverbien:

zum Beispiel: nämlich (nie auf der ersten Position!), deshalb, daher, deswegen, darum, folglich, also, demzufolge, somit

Beispiele:

Morgen ist Sonntag, deswegen können wir ausschlafen und anschließend einkaufen gehen.
Morgen ist nämlich verkaufsoffener Sonntag, folglich haben die meisten Geschäfte geöffnet.

Gruppe 3: drückt einen Gegensatz (adversativ) oder eine Einschränkung (restriktiv) aus, oder etwas wird eingeräumt (konzessiv) – wichtige Adverbien:

zum Beispiel: jedoch, doch, dagegen, stattdessen, hingegen, allerdings, dennoch, trotzdem, gleichwohl, indessen, vielmehr, dessen ungeachtet, immerhin, nichtsdestoweniger

Beispiele:

Viele Gäste hatten sich angesagt, doch wegen des schlechten Wetters kamen einige zu spät.
Allerdings waren die Organisatoren hierauf vorbereitet und boten den bereits Anwesenden ein Glas Sekt an.

Gruppe 4: zeigt einen Ort an (lokal) – wichtige Adverbien

zum Beispiel: dort, hier, daneben, darüber, darunter, dazwischen, darauf

Beispiele:

Gleich fahren wir in die Stadt hinein. Dort werden sie zunächst die alte Brücke sehen. Darunter befindet sich eine Anlegestelle und gleich daneben ein typisches Fischerhaus.

Gruppe 5: zeigt die Zeit an (temporal) – wichtige Adverbien:

zum Beispiel: davor, währenddessen, danach, anschließend

Beispiel: *Wir werden jetzt in der Gaststätte zu Mittag essen, währenddessen erkläre ich Ihnen das weitere Programm.*

Gruppe 6: schließt aus (disjunktiv)

zum Beispiel: andernfalls, sonst, ansonsten

Beispiel: *Wir müssen uns beeilen, ansonsten kommen wir zu spät.*

Aufgabe 5 - Verbinden Sie die Sätze mit den vorgegebenen Verbindungsadverbien

1) Das Durchschnittsalter der Deutschen liegt mittlerweile bei 44 Jahren. Es ist wichtig, sich über die Folgen des demographischen Wandels im Klaren zu sein. (darum)

....

....

2) Man muss beachten, dass der Wandel der Altersstruktur der Bevölkerung Einfluss auf den Wohnungsmarkt hat. (zunächst)

....

....

3) Insgesamt hat die Zahl der Einpersonenhaushalte stark zugenommen. Die Miet- und Kaufpreise für Wohnraum sind gestiegen. (folglich)

....

....

4) Vor allem in den großen Städten nimmt die Bevölkerungszahl und die Nachfrage nach Wohnraum zu. In ländlichen Gegenden ist sie rückläufig. (dagegen)

....

....

5) Es werden auch immer mehr Schulen geschlossen. Die Attraktivität dieser Regionen nimmt noch weiter ab. (deshalb)

....

....

6) Mehr Einpersonenhaushalte führen zu Umweltproblemen, denn sie verbrauchen pro Kopf mehr Energie und produzieren mehr Müll als Mehrfamilienhaushalte. (darüber hinaus)

....

....

7) Die Ausgestaltung der Arbeitsplätze muss ebenfalls neu überdacht werden, weil die Menschen länger arbeiten werden, damit das Rentensystem nicht zusammenbricht. (dann)

....

....

8) Politik und Forschung müssen sich mit diesen Entwicklungen eingehend befassen. Sie können nicht genau und angemessen auf die Veränderungen reagieren. (sonst)

....

....

Aufgabe 6 – Wählen Sie die beiden passenden Adverbien aus, eins passt jeweils nicht.

1) Ausreichender Schlaf ist wichtig für die Entwicklung von Kindern sowie für das allgemeine Wohlbefinden der Menschen, *andernfalls / dennoch / gleichwohl* sind Schlafmangel und Schlafstörungen in unserer Gesellschaft ganz normal.
2) Viele Menschen stehen morgens eher erschöpft als ausgeruht auf, *anschließend / danach / währenddessen* versuchen sie den Tag erfolgreich zu gestalten.
3) Eigentlich ist mittlerweile bekannt, dass besonders Kinder genügend Schlaf brauchen und früh ins Bett gehen sollten, *andernfalls / trotzdem / ansonsten* kann der Schlafmangel sie nach Meinung von Schlafforschern krank, dick und dumm machen.
4) *Dagegen / Darum / Daher* raten diese den Eltern, ihre Kinder früh ins Bett zu schicken.
5) *Ferner / Zusätzlich / Zunächst* sei es aber auch wichtig, dass man den Tag ruhig ausklingen lasse, statt gemeinsam mit einer Tüte Chips in der Hand den Familienabend vor dem Fernseher oder mit Computerspielen zu verbringen.
6) Was für die Kinder gilt, stimmt allerdings auch für die Erwachsenen. Um ein gesundes Körpergewicht zu halten, reicht es nicht, sich gut zu ernähren, *vielmehr / dagegen / darüber hinaus* sorgt auch der gute Schlaf für eine gute Figur.
7) Schläft der Mensch genug, wird das Hormon Leptin ausgeschüttet, das für ein Sättigungsgefühl sorgt, *dagegen / ferner / hingegen* wird sein Gegenspieler, das Hormon Ghrelin ausgeschüttet, wenn er zu wenig schläft.
8) *Folglich / Daneben / Somit* führt Schlafmangel zu erhöhtem Appetit und zu erhöhter Nahrungsaufnahme.
9) *Ansonsten / Ferner / Darüber* hinaus kann sich der müde Mensch viel schlechter konzentrieren, was das Unfallrisiko im Straßenverkehr erhöht.
10) *Allerdings / Indessen / Immerhin* bringen noch längst nicht alle die nötige Disziplin auf, abends früh zu Bett zu gehen und dann auch ruhig und zufrieden einzuschlafen.

Aufgabe 7 – Hier ist einiges durcheinandergeraten: Korrigieren Sie Sätze, indem Sie die bereits verwendeten Verbindungsadverbien neu zuordnen!

Wie Sie Ihr Campingzelt aufbauen
Teil 1: **Vorbereitungen**

1) Sie planen Ihren ersten Campingurlaub?! *Anschließend* ist es wichtig zu wissen, wie man ein Zelt richtig aufschlägt.

....

....

2) Sie müssen nur einige wichtige Punkte berücksichtigen, *zunächst* wird das Ganze zum Kinderspiel.

....

....

3) *Dann* müssen Sie einen geeigneten Stellplatz für Ihr Zelt finden, möglichst ein wenig erhöht, eben, schattig und natürlich legal.

....

....

4) *Hierbei* breiten Sie eine Plane aus, die das Zelt vor Bodenfeuchtigkeit schützt.

....

....

5) *Folglich* ist es wichtig, dass die Plane so groß wie die Stellfläche für das Zelt ist.

....

....

Teil 2: Aufbau des Zelts

6) Jetzt packen Sie Ihr Zelt aus und entfalten es. *Schließlich* legen Sie alle Stangen, Pflöcke usw.

....

....

7) *Daneben* finden Sie die Unterseite des Zelts und breiten Sie auf der Plane aus.

....

....

8) *Ansonsten* kann sich jemand damit beschäftigen, die Zeltstangen richtig zusammenzusetzen.

....

....

9) Beim Befestigen der Zeitstangen am Zelt sollten Sie Hilfe haben, *danach* ist es etwas anstrengend.

....

....

10) *Währenddessen* richten Sie das fertige Zelt in die richtige Richtung aus und befestigen es mit den Pflöcken im Boden.

....

....

Aufgabe 8 - Korrigieren Sie die Fehler

Sehr geehrte Damen und Herren,	
mit Begeisterung las ich von der Initiative „Aktiv im Alter“. Ich selbst bin 65 Jahre alt und	(0) *fühle ich*
deshalb *ich* mich von dieser Initiative direkt angesprochen *fühle*. Zunächst ich möchte ich	(1) ________
aber ein paar Dinge genauer wissen, bevor ich mich zur Teilnahme an Ihrem Programm	
entschließe. Ich würde gerne im Themenbereich „Nachbarschaft und Nachbarschaftshilfe“	
aktiv werden, trotz möchte ich zunächst einmal fragen, ob Sie nur für bestimmte Aufgben	(2) ________
freiwillige Helfer suchen. Währendessen habe ich in Peru, meinen Heimatland, bereits	(3) ________
bereits Erfahrungen mit einem solchen Projekt gemacht. Dafür glaube ich, dass ich auch	(4) ________
einige gute Ideen einbringen kann. Darüber hinein finde ich es gut, wenn man Hilfe leistet,	(5) ________
aber auch mitentscheiden kann, denn als älterer Mensch hat man ja manchmal ein bisschen	
mehr Lebenserfahrung. Ich lebe hier bei meinem Sohn und seiner Familie und folglich bin	(6) ________
relativ unabhängig. Dennoch ich manchmal auf meine Enkel aufpassen muss. Deshalb es ist	(7) ________
für mich wichtig, dass ich meine Teilnahme bei „Aktiv im Alter“ gut planen kann, sonst ich	(8) ________
leider nicht bei dem Projekt mitmachen kann. Darum ist es mir ziemlich egal, ob man für sein	(9) ________
Engagement ein Entgelt erhält.	
Über eine Antwort würde ich mich freuen, somit ich mich entsprechend vorbereiten kann.	(10) ________
Mit freundlichen Grüßen	
Naida-Maricielo Garcia Sanchez	

Aufgabe 9 - Textrekonstruktion – Hauptsatzkonnektoren und Verbindungsadverbien

Der neue Trend: Bewegungsparcours

Ein sonniger Tag geht allmählich zu Ende, (0) in diesem Stadtpark werden die verbleibenden Stunden Tageslicht noch sinnvoll genutzt. Hier geht es sportlich zu, (1) hier stehen sechs Sportgeräte zur freien Verfügung für jedermann - darunter zum Beispiel eine Slackline zum Balancieren, ein Armzug oder ein Beinstrecker. Viele Leute kommen regelmäßig in den Park, (2) trainieren zwischendurch oder gezielt und kostenlos.

Solche Bewegungsparcours sieht man heute immer häufiger. Bevor man Ausdauer, Kraft oder Koordination trainiert, sollte man (3) die Tafeln lesen, auf denen die Übungen für Anfänger, Fortgeschrittene und Profis erklärt werden. (4) bei Anfängern als auch bei Fortgeschrittenen und Profis kommen die Trainingsmöglichkeiten gut an (5) werden von vielen Menschen genutzt. (6) haben Untersuchungen gezeigt, dass der Anteil der älteren aktiven Erwachsenen über 50 Jahren und Senioren über 65 Jahren mit etwa 30 Prozent aller aktiven Erwachsenen und Jugendlichen sehr hoch liegt. (7) empfiehlt auch der Deutsche Olympische Sportbund (DOSB) die Nutzung der Sportanlagen, (8) diese Parcours seien eine motivierende Bewegungsidee für alle, die mit Spaß im Freien mit alltagsnahen Übungen etwas für die eigene Gesundheit tun wollten.

Doch noch ein anderer Aspekt ist von Bedeutung: Die Gesellschaft altert, (9) gibt es immer mehr Überlegungen dazu, wie der öffentliche Raum generationenfreundlich gestaltet werden kann. Ältere Menschen tun in Bewegungsparcours etwas für ihre Fitness und trainieren im öffentlichen Raum, (10) sehen sie beim Training viele Gleichgesinnte, was motivierend wirkt. (11) auch Eltern mit ihren Kindern kommen zu den Bewegungsparcours. Hier können Familien unkompliziert zusammen Sport treiben. (12) werden auch die Generationen zusammengebracht. Nicht umsonst nennt man Bewegungsparcours auch Generationenparcours.

(0) *aber*
(1) ____________
(2) ____________
(3) ____________
(4) ____________
(5) ____________
(6) ____________
(7) ____________
(8) ____________
(9) ____________
(10) ____________
(11) ____________
(12) ____________

Erinnern Sie sich?

Übersicht 21: Die Nebensätze

I. Einteilung der Nebensätze

- **temporale Nebensatzkonjunktionen:**
  als, bevor, bis, wenn, nachdem, seit / seitdem, während, ehe, sobald, solange
- **kausale Nebensatzkonjunktionen:**
  weil, da, zumal
- **konditionale Nebensatzkonjunktionen:**
  wenn, falls, sofern
- **konzessive Nebensatzkonjunktionen:**
  obwohl, obschon, obgleich
- **adversative Nebensatzkonjunktionen:**
  (an)statt dass, (an)statt … zu, während, wohingegen
- **finale Nebensatzkonjunktionen:**
  damit, um … zu
- **konsekutive Nebensatzkonjunktionen:**
  so … dass, sodass
- **spezifizierende Nebensatzkonjunktionen:**
  dass, ob
- **restriktive Nebensatzkonjunktionen:**
  ohne dass, ohne … zu, soweit, soviel
- **modale Nebensatzkonjunktionen:**
  dadurch … dass, indem
- **vergleichende Nebensatzkonjunktionen:**
  je … desto (umso), als ob / als wenn, wie

Aufgabe 10 - Sätze bilden

Setzen Sie die passenden Nebensatzkonnektoren ein.

① Temporale Nebensätze

1) . . . . der Redner an das Rednerpult trat, wurden die Mikrofone nochmals überprüft.

2) . . . . er mit seiner Rede begonnen hatte, wurde es still im Saal.

3) Reaktionen der Zuhörer waren erst zu hören, ... er auf umstrittene Themen zu sprechen kam.

4) Er musste warten, ... sich die Leute wieder beruhigt hatten.

5) . . . . er sich unbehaglich fühlte, griff er zu dem Glas Wasser, das vor ihm stand, und trank einen Schluck.

6) . . . . er wieder sprach, wirkte er weniger nervös.

7) . . . . seine Rede anhielt, wurde er nicht wieder gestört.

8) . . . . er den Text las, sah er auf die Menschen, die vor ihm saßen.

9) Noch . . . . er zum Ende kam, spürte er eine große Erleichterung, denn alles war gut gelaufen.

10) . . . . fürchtet er sich nicht mehr davor, seine Thesen und Ansichten vor einem größeren Publikum darzulegen.

② Kausale, adversative, finale, konditionale und konzessive Nebensätze

1 . . . . bestimmen, was eigentlich ein klassisches Urlaubsziel ist, sollte man am besten die Reisenden selbst fragen.

2) Viele werden alte Städte wie Rom oder Athen nennen, ... es dort so viele antike Sehenswürdigkeiten zu bewundern gibt, ... andere eher neuere Klassiker wie Paris, London oder Berlin anführen.

3) . . . . viele Befragte das Reisen vor allem mit Erholung und gutem Wetter in Verbindung bringen, stehen alle Mittelmeerländer in hohem Kurs.

4) . . . . diese Länder und Städte tatsächlich die Mehrheit der Auslandsreisenden aus dem europäischen Raum aufnimmt, sollte man nicht die Klassiker im eigenen Land vergessen.

5) . . . . die einen sich von der Neugierde auf andere Kulturen und Gewohnheiten leiten lassen, zieht es viele nämlich auch an die Nordsee, in das Allgäu, den Schwarzwald und an den Bodensee.

6) . . . . einheimische Reiseziele als wenig spektakulär gelten, besitzen sie doch auch viel Charme und es gibt vieles zu sehen, wenn das Wetter mitmacht.

7) . . . . also immer in die Ferne zu schweifen, tut man gut daran, auch seine Heimat ein wenig kennen zu lernen.

8) Und . . . . der Urlaub im eigenen Land nicht zur Enttäuschung wird, bereitet man sich bei der Urlaubsplanung einfach auf alle Eventualitäten, wie zum Beispiel das schlechte Wetter, vor.

③ Konsekutive, spezifizierende, restriktive, modale und vergleichende Nebensätze

1) Ich bin ein bescheidener Konsument, ... behaupten zu wollen, dass ich den Konsum, etwa aus ideologischen Gründen, grundsätzlich verachte oder vermeide oder dass ich ein geiziger Mensch bin.

2) Ich frage mich ganz einfach, ... ich bestimmte Dinge überhaupt brauche.

3) Dabei beschränke ich mich bei meinen Überlegungen nicht auf den bloßen Nutzen einer Sache oder einer Dienstleistung, ... ich auch Aspekte wie Unterhaltungswert, Freizeitwert, Ästhetik etc. einbeziehe.

4) . . . . mehr ich hierüber nachdenke, ... weniger kaufe ich allerdings.

5) Es ist, ... ein gemeiner Geist mir den Spaß am Konsum verdorben hätte.

6) . . . . ich weiß, geht es anderen Menschen genauso.

7) Sie haben in ihrem Leben bereits . . . . viel gekauft,. . . . . sie nicht mehr wissen, wohin mit den ganzen Sachen.

8) . . . . mir bekannt ist, gibt es natürlich auch viele konsequente und begeisterte Verbraucher, denen der Erwerb und Besitz verschiedenster Dinge Freude bereitet.

9) . . . . sie dies tun, halten sie natürlich auch die Wirtschaft in Gang, ganz im Gegensatz zu mir.

10) . . . . ich mich nun rühmen will, muss man sicherlich hinzufügen, dass der unbeschränkte Konsum natürlich auch viele Schattenseiten hat, wie den rasanten Rohstoffverbrauch, Umweltprobleme, mangelnden Arbeitsschutz in den Produktionsstätten und vieles mehr.

11) . . . . wir durch unsere Nachfrage an diesen Produktionszyklen teilnehmen, werden wir also automatisch auch zu einem Teil dieser Probleme.

12) Wie man es auch dreht und wendet, das Thema Konsum ist doch komplizierter, ...man auf den ersten Blick meinen könnte.

Übersicht 22: Regeln zum Satzbau im Nebensatz

II. Regeln zum Satzbau im Nebensatz

Regel Nr. 1:
Das konjugierte Verb steht immer an der letzten Position. Nicht konjugierte Verbteile stehen genau vor dem konjugierten Verb.
Beispiel: *Die Leute sind gut gelaunt, weil der Schnee endlich **getaut ist.***

Regel Nr. 2:
Das Subjekt steht nach dem Konnektor (= Nebensatzkonjunktion).
Beispiel: *Die Leute sind gut gelaunt, weil **der Schnee** endlich getaut ist.*

Regel Nr. 3:
Im Mittelfeld befinden sich die Objekte und weitere Ergänzungen in der gewöhnlichen Reihenfolge
(s.o. Satzbau im Hauptsatz Regel 3 und 4, Seite 52)
Beispiel: *Die Leute sind gut gelaunt, weil der Schnee **endlich** getaut ist.*

Aufgabe 11 - Bilden Sie aus den Wortgruppen von ● zu ● Haupt- und Nebensätze

1) der Motivation / fehlt / falls / Ihnen / es / an ● bewegen / regelmäßig / sich / zu ● zusammengetragen / wir / ein paar / haben / Ihnen / gute Gründe ● Sie / um / zu / überzeugen

Falls es Ihnen an Motivation fehlt...

....

2) stark / Sport / macht ● wenn / denn / sich / bewegen / Sie ● Knochen / Muskeln / Sie / auf / und / bauen ● erlangen / Sie / sodass / und / Kraft / Ausdauer

....

....

3) macht / Sport / aktiv ● Ihr Organismus / zehnmal mehr / als / aufnimmt / in Ruhephasen / weil / beim Sport / Sauerstoff

....

....

4) also / treiben / Sport / Sie ● dieses lebenswichtige Molekül / damit / versorgt / Ihre Organe / mehr Energie / mit / ankurbelt / Ihren Stoffwechsel / Ihre Durchblutung / und / verbessert / !

....

....

5) dass / bewegen / sich / dadurch / Sie ● verbrennen / mehr Fett / Ihre Zellen / schneller / und / Abbauprodukte / aus / scheiden

....

....

6) Sie / wussten ● Sport / klug / auch / dass / macht / ?

....

....

7) Sport / während / treiben / Sie ● Ihr Gehirn / erhält / auch / eine Extraportion Sauerstoff / und / das Kreativitätshormon ACTH / schüttet / aus / vermehrt

....

....

8) merken / ohne dass / es / Sie ● senkt / den Blutdruck / dieses Hormon / den Geist / weckt / es / und / Konzentration und Denkleistung / verbessert

....

....

9) glücklich / Sport / macht / auch ● indem / denn / fit / Sie sich / halten ● die körpereigenen Glückshormone / in größerer Menge / zirkulieren / in Ihrem Organismus ● werden / Stresshormone / während / abgebaut / schneller ● Ihre Seele / sich / sodass / kann / entspannen

....

....

10) beim gesunden Abnehmen / schließlich / Sport / hilft ● zu / auf eine Diät / statt / verlassen / nur / sich

....

11) Indem / Sie / bewegen / sich ● und / durch den verstärkten Muskelaufbau / verschwinden / den gleichzeitigen Fettabbau / unschöne Speckrollen / und / werden / differenzierter / Ihre Körperkonturen

....

....

12) haben / Sie / sich / nachdem / entschlossen / dazu ● zu / sportlich aktiv / werden ● Sie / unterstützen / Ihre Gesundheit / nicht nur / aktiv ● hinzu / an Attraktivität und Ausstrahlung / sondern / auch / gewinnen

....

....

Aufgabe 12 - Textrekonstruktion – Ergänzen Sie die fehlenden Konnektoren

Sport ist Mord, sagen die einen, _(0)_ die anderen meinen, dass Sport fit und gesund halte.
Für beide Standpunkte lassen sich natürlich Argumente finden, _(1)_ dass Sport die Gesundheit erhalten und fördern kann, ist wissenschaftlich erwiesen. Einerseits also der Nutzen für die Gesundheit, _(2)_ das Verletzungsrisiko, das jeder Sportler trägt _(3)_ das von der Sportart, dem Trainingszustand und der Intensität der Ausführung abhängt.
Vor allem der untrainierte Sportler läuft Gefahr, Schäden an Muskeln und Gelenken davonzutragen, _(4)_ er diese ermüdet oder überlastet. _(5)_ steht fest, _(6)_ regelmäßige Bewegung und sportliche Betätigung Übergewicht vermindert und damit _(7)_ dem Risikofaktor Nummer 1, an Arthrose zu erkranken, entgegenwirkt, als auch die muskuläre Balance des Körpers verbessert und die Wahrscheinlichkeit verringert, _(8)_ ein Osteoporose-Leiden auftritt. _(9)_ Verletzungen zu vermeiden, ist sowohl regelmäßiges Training _(10)_ auch ausreichendes Aufwärmen vor dem Sport wichtig. Je älter ein Mensch wird, _(11)_ weniger elastisch sind außerdem Sehnen, Bänder und Gelenke, und umso mehr ist eine gute Vorbereitung zu beachten. _(12)_ man kein Risiko eingeht, sollte man regelmäßig trainieren und Maximalbelastungen vermeiden. Muskulatur, Sehnen und Bänder können vor Rissen und Zerrungen geschützt werden, _(13)_ man sich vor jeder sportlichen Betätigung gründlich aufwärmt und dehnt.
_(14)_ man mit dem Sporttreiben beginnt, sollte man aber die richtige Sportart auswählen.
_(15)_ sie nicht besonders spektakulär sind, eignen sich vor allem Ausdauersportarten wie Schwimmen, Radfahren, Dauerlauf, Skilanglauf, Nordic Walking, Aquajogging und mit Einschränkungen auch Inline-Skating für gesundheitsfördernde Bewegung. Diese Sportarten verbessern nicht _(16)_ die Belastbarkeit der Muskeln und Gelenke, sondern sind auch vorteilhaft für das Herz-Kreislaufsystem, bei Diabetes oder Übergewicht.
_(17)_ diese Punkte beachtet werden, ist Sport keinesfalls Mord für den Sportler oder seine Muskeln und Gelenke, _(18)_ das, was es für jeden sein sollte: ein gesundes Vergnügen!

(0) *während*
(1) ______
(2) ______
(3) ______
(4) ______
(5) ______
(6) ______
(7) ______
(8) ______
(9) ______
(10) ______
(11) ______
(12) ______
(13) ______
(14) ______
(15) ______
(16) ______
(17) ______
(18) ______

Übersicht 23: Indirekte Fragesätze

III. Regeln zu den indirekten Fragesätzen

Regel Nr. 1:
Der Satzbau der indirekten Frage ist derjenige des Nebensatzes, das heißt, das finite Verb steht bei der indirekten Frage am Satzende, also *Fragewort + Subjekt (+ Objekt + etc.) + Verb*
Beispiel 1: *Ich frage mich, warum der Zug mal wieder Verspätung hat.*

Regel Nr. 2:
Handelt es sich um eine Frage ohne Fragewort, verwendet man in der indirekten Frage *ob*.
Beispiel 2: *Weißt du, ob wir morgen Deutschunterricht haben?*

Regel Nr. 3:
Bei einer indirekten Frage verwenden wir normalerweise einen Punkt und kein Fragezeichen (siehe Beispiel 1 oben). Das Fragezeichen steht nur, wenn die indirekte Frage Teil einer echten Frage ist (Siehe Beispiel 2).
Weitere Beispiele:
(1) *Wer hat die Schokolade geklaut? Anna fragt, wer die Schokolade geklaut hat.*
(2) *Kaufen wir endlich den neuen Computer? Kannst du mir sagen, ob sie endlich den neuen Computer kaufen?*

Aufgabe 13 - Bilden Sie Haupt- und Nebensätze

1) Manchmal ist es nicht leicht zu entscheiden, ... man zu einer persönlichen Feier einladen soll.

2) Man muss sich natürlich zunächst überlegen, ... es eine eher kleinere oder größere Party werden soll.

3) Dann sollte man sich darüber im Klaren sein, ... mit .... gut zusammenpasst.

4) Es ist auch nicht schlecht zu wissen, ... Freunde der eigenen Freunde eventuell unverhofft auftauchen können.

5) Es ist ja nicht immer einzusehen, ... man einen in der Regel völlig unbekannten Menschen verköstigen und unterhalten soll.

6) Andererseits kann man sich auch fragen, ... man, wenn man genug Platz hat, nicht neuen Bekanntschaften offen gegenüberstehen soll.

7) Darüber hinaus muss man gut darüber nachdenken, auf .... Weg die Einladungen an die Gäste gelangen.

8) Man muss sich vor allem fragen, ... passiert, wenn die eigene Einladung unkontrolliert in sozialen Netzerken kursiert.

9) Überlegen Sie sich auch, ... es nicht gut wäre, die Nachbarn zu informieren.

10) Und zuletzt müssen Sie wissen, ... Sie die Gäste unterbringen, die von auswärts kommen und erst am nächsten Tag nach Hause zurückfahren können.

Übersicht 24: Relativsätze

IV. Regeln zu den Relativsätzen

ÜBERSICHT ÜBER DIE RELATIVPRONOMEN

	maskulin	feminin	neutral	Plural
Nominativ	der	die	das	die
Genitiv	dessen	deren	dessen	deren
Dativ	dem	der	dem	denen
Akkusativ	den	die	das	die

Regel Nr. 1:
Die Präposition, die ein Präpositionalobjekt einleitet, steht vor dem Relativpronomen
Beispiel 1: *Die Frau,* ***an die*** *ich mich gut erinnere, saß auf der Parkbank.*

Regel Nr. 2:
Wo **oder** ***Wohin*** **nach Ortsangaben**
Beispiele:
Der Ort, ***wo (in dem)*** *ich früher gewohnt habe, war sehr klein.*
Die Stadt, ***wohin (in die)*** *ich ziehe, hat eine gute Universität.*
Das Land, ***woher (aus dem)*** *ich komme, ist das Land,* ***wo (in dem)*** *die Zitronen blühen.*

Regel Nr. 3:
Der Relativsatz bezieht sich auf die gesamte Aussage des Hauptsatzes:
Wo **+ Präposition**
Beispiel: *Er hat seinen Hut wiedergefunden,* ***worüber*** *er sich sehr gefreut hat.*

Regel Nr. 4:
Nach Städte- oder Ländernamen: neutral (das) im Nominativ, Akkusativ, Dativ und Genitiv
Beispiele:
In Griechenland, ***das*** *ein schönes Land ist, gibt es schöne und saubere Strände und natürlich viele sehenswerte Altertümer.*
Österreich, ***aus dem*** *viele gute Skifahrer stammen, gefällt mir sehr.*
Frankreich, ***das*** *ich immer wieder gern besuche, hat viele bedeutende Schriftsteller hervorgebracht.*
Nach Finnland, ***dessen*** *Natur ich liebe, reise ich immer wieder gern.*

Regel Nr. 5:
Nach ***alles, nichts, etwas, einiges, weniges, das*** **und** ***das + Superlativ*** **steht das Relativpronomen** ***was***
Beispiele:
Das ist ***alles, was*** *ich für dich tun kann.*
Es gibt ***nichts, was*** *ich nicht für dich täte.*
Da gibt es ***etwas, was*** *ich dir erzählen möchte.*
Es gibt da ***einiges, was*** *du nicht weißt.*
Nur ***weniges, was*** *ich dir gesagt habe, ist nicht wichtig.*
Das ist ***das, was*** *du schon erfahren hast.*
Das meiste, was *du nicht weißt, wirst du bald erfahren.*

Aufgabe 14 - Setzen Sie die passenden Relativpronomen ein

1) Alle Menschen und besonders Kinder brauchen Rituale, ... dem Leben eine Struktur verleihen.

2) Viele moderne Zeitgenossen, ... Weihnachten und Ostern eigentlich gleichgültig sind, greifen, sobald sie Eltern geworden sind, gerne auf Bräuche und Traditionen zurück, mit . . . . sie davor nicht mehr viel anfangen konnten.

3) Fragen die Kinder aber nach dem Sinn und Zweck, ... Ostereier und der Weihnachtsbaum haben, geraten sie oft genug in Erklärungsnot, denn eigentlich glauben sie nicht an die religiösen Inhalte dieser Feste.

4) Was kann man als Elternteil, ... die Erklärungen in dieser Situation schwerfallen, tun?

5) Zunächst einmal muss man wissen, dass die Feste, ... wir im Laufe eines Jahres feiern, besonders den Kindern Geborgenheit und Halt schenken.

6) Feste erlauben uns auch, mit dem Jahresverlauf und der Natur in Kontakt zu bleiben und nicht den Sinn für das Geheimnis zu verlieren, ... sich hinter der vordergründig erklärbaren Welt verbirgt.

7) Menschen, ... Religion nichts bedeutet, können sich trotzdem zum Beispiel vom Frühling inspirieren und faszinieren lassen.

8) Sie können sich zum Beispiel auf das besinnen, ... das Osterfest über seinen religiösen Inhalt hinaus früher einmal bedeutet hat oder . . . . der leuchtende Weihnachtsbaum symbolisiert.

9) Und um ein schönes Fest zu feiern, mit . . . . man sich und der Familie Freude bereitet, braucht es nicht viel: eine schöne gemeinsame Mahlzeit, Blumen und glänzendes Kerzenlicht.

Aufgabe 15 - Verbinden Sie die beiden Satzteile mit dem richtigen Relativpronomen

1) Für viele Menschen ist der Hochzeitstag immer noch der Tag. An diesem Tag ändert sich ihr Leben grundsätzlich.

. . . .

. . . .

2) Dem großen Tag gehen natürlich viele Vorbereitungen voraus. Diese müssen gut organisiert sein, damit der Stress nicht zu groß wird.

. . . .

. . . .

3) Das Brautkleid sollte zu ihrer Persönlichkeit passen. Über das Brautkleid macht sich die zukünftige Braut gewöhnlich viele Gedanken.

. . . .

. . . .

4) Dann gibt es viele Hochzeitstraditionen und -bräuche. Das Hochzeitspaar ist mit ihnen aber nicht unbedingt einverstanden.

. . . .

. . . .

5) Unser Tipp: Nichts sollte Teil der Hochzeitsfeier werden. Es gefällt einem nicht.

. . . .

. . . .

6) Die Zahl der Gäste für das Fest ist etwas. Das sollte man sich gut überlegen.

....

....

7) Was das Essen betrifft, schmeckt den Hochzeitsgästen das meiste. Es wird bei einem Büffet oder einem mehrere Gänge umfassenden Menü angeboten, aber das ist natürlich kostspielig.

....

....

....

8) Ein Schloss oder ein anderes romantisches Gebäude. Man könnte dort feiern. Oder ein entlegenes Restaurant in der Natur. Dahin begeben sich die Gäste nach der Trauung. Das sind immer schöne Orte für eine Hochzeitsfeier.

....

....

....

9) Für die Hochzeitstorte brauchen Sie einen phantasievollen Konditor. Er kann eine Torte nach Ihren Wünschen herstellen.

....

....

10) Wenn alles gut über die Bühne gegangen ist, können Sie beruhigt in die Flitterwochen fahren. Das haben Sie geplant.

....

....

11) Suchen Sie sich ein Reiseziel aus. Es gefällt beiden. Sie können hier entspannen.

....

....

12) Wenn Sie wieder zurückkommen geht, hoffentlich alles in Erfüllung. Sie haben es sich für ihr zukünftiges Leben als Paar vorgestellt.

....

....

Aufgabe 16 - Textrekonstruktion

Tannenbaum & Ostereier - 10 klassische Bräuche kurz erklärt

Im Laufe eines Jahres üben wir zahlreiche Bräuche aus, ohne *(0)* Ursprung und Bedeutung zu kennen. Bestimmte Gewohnheiten und Riten, (1) wir schon von Kindesbeinen an kennen, sind für uns selbstverständlich geworden. Aber wissen wir über alles, (2) wir zu Weihnachten und Ostern tun, wirklich Bescheid?

Der Tannenbaum

Das Aufstellen und Schmücken eines Tannenbaums in der Weihnachtszeit wird oft als ein Brauch angesehen, (3) typisch christlich ist. Dabei symbolisierte er als immergrüner Baum, (4) man schon lange vor seiner hiesigen Verbreitung in anderen Kulturen findet, Lebenskraft.

Der Adventskranz

Der Adventskranz geht auf den Theologen Johann Hinrich Wichern zurück, (5) im Jahr 1839 ein altes Wagenrad mit Tannenzweigen und Kerzen schmückte, um ungeduldigen Kindern das Warten auf Weihnachten zu verkürzen. Heute symbolisiert der Adventskranz, (6) Licht Woche und Woche zunimmt, die näher rückende Geburt Christi.

Der Weihnachtsmann

Für die Geschenke, (7) die Kinder am Heiligabend bekommen, ist in vielen Regionen traditionell der Weihnachtsmann zuständig, (8) auf der ganzen Welt bekannt ist und auf (9) alle Kinder jährlich gespannt warten. Er wird oft als dicker Mann mit weißem Bart dargestellt.

Ostereier und Osterfeuer

Ostern steht für Kinder ganz im Zeichen von Ostereiern und Osterhasen, (10) Ursprung bis heute nicht geklärt ist. In der Theologie und Kunstgeschichte gilt das Osterei als Symbol für die Auferstehung Christi, der Osterhase wird von vielen Seiten als fruchtbarer Frühlingsbote angesehen.

Ein weiterer Brauch zu Ostern ist das Osterfeuer, (11) in der Regel am Ostersamstag entzündet wird. Heute ist das Osterfeuer, (12) ursprünglich den Winter vertreiben sollte, vor allem für die Christen ein zentrales Ereignis. Das Licht des Feuers steht für die Auferstehung Jesu.

Die Walpurgisnacht

Die Walpurgisnacht oder der Tanz in den Mai ist ein Brauch, (13) man in Mittel- und Nordeuropa antrifft. In der Nacht zum ersten Mai werden traditionell Hexenfeuer entfacht, (14) böse Geister vertreiben sollen. Es gibt Regionen, (15) man den neuen Monat üblicherweise mit Gesang und Tanz begrüßt oder solche, (16) man sich verkleidet und so genannte Hexentänze aufführt.

Der Muttertag

Am zweiten Sonntag im Mai, (17) in vielen westlichen Ländern der Muttertag gefeiert wird, (18) seinen Ursprung in den USA hat und (19) man seit 1923 als nicht-gesetzlichen Feiertag auch in Deutschland feiert, ist es üblich, dass Männer ihren Frauen Blumen und Kinder ihren Müttern selbstgebastelte Dinge schenken.

Erntedankfest und Kirmes

Als Herbstbräuche sind vor allem das Erntedankfest und die Kirmes bekannt. Das Erntedankfest wird oft in der Kirche gefeiert, in (20) Getreide und Feldfrüchte dekorativ aufgestellt werden, oder mit einer Prozession, bei (21) man Getreide und Feldfrüchte durch das Gemeindegebiet trägt, um Gott für die erfolgreiche Ernte zu danken. Die heutige Kirmes hat sich aus dem Kirchweihfest entwickelt und erinnert in vielen Orten noch immer an die Feierlichkeiten (22) früher zur Einweihung einer Kirche begangen wurden.

Sankt Martin

In einigen Regionen, (23) am Sankt Martinstag (11. November) vor allem Kinder mit Laternen durch die Straßen ziehen und Martinslieder singen, wird des heiligen Sankt Martin von Tours gedacht. Der Martinszug wird häufig von einem auf einem Schimmel sitzenden Reiter begleitet, (24) mit einem roten Mantel den heiligen Martin als römischen Soldaten darstellt. Nach dem Martinszug wird an die Kinder ein Gebäck, der sog. Martinsweck verteilt, (25) die Form eines Männchens hat und eine Tonpfeife in der Hand hält, (26) an den Bischofsstab erinnern soll. Dieses Gebäck sollen ursprünglich junge Männer ihren Mädchen geschenkt haben, (27) den jungen Männern Neujahr ein Gegengeschenk machen mussten.

(0) *deren*
(1) ____
(2) ____
(3) ____
(4) ____
(5) ____
(6) ____
(7) ____
(8) ____
(9) ____
(10) ____
(11) ____
(12) ____
(13) ____
(14) ____
(15) ____
(16) ____
(17) ____
(18) ____
(19) ____
(20) ____
(21) ____
(22) ____
(23) ____
(24) ____
(25) ____
(26) ____
(27) ____

Aufgabe 17 - Fehlerkorrektur (Gesamtwiederholung)

Sehr geehrte Damen und Herren,	
in diesem Jahr hat sich unsere Familie gemeinsam *dafür* entschlossen, das Sozialzentrum	(0) *dazu*
Mitte während der Feiertage aktiv unterzustützen und dafür auf zu viele Weihnachtsgeschenke	(1) ______
und Silvesterraketen zu verzichten. Wir möchten auch unseren Kindern vermitteln, wie es	(2) ______
Freude macht, Menschen, die in Not geraten sind, zu helfen.	(3) ______
Ihrer Internetseite habe ich entnehmen, dass Ihr Kleiderlager momentan zwar gut gefüllt ist,	(4) ______
dass Sie aber zum Beispiel warme Jacken und Anoraks, die sind in gutem Zustand, immer	(5) ______
gebrauchen können. Deshalb wir haben unsere Kleiderschränke durchsucht, in die sich noch	(6) ______
zahlreiche, fast neuwertige Kleidungsstücke für die kalte Jahreszeit befinden. Sollen wir alles,	(7) ______
das wir herausgesucht haben, bei euch vorbeibringen? Außerdem haben unsere Kinder Weih-	(8) ______
nachtsplätzchen gebacken und Geschenke für ihre Altersgenossen gekauft. Die möchten wir	(9) ______
gerne in Ihr Zentrum bringen, wohin ja jedes Jahr ein Festessen veranstaltet und ein Gaben-	(10) ______
tisch für arme Kinder organisiert werdet. Weil meine Frau und ich sind begeisterte Hobby-	(11) ______
köche, wir gerne bei der Vorbereitung des Essens mithelfen wollen. Außerdem möchten wir	(12) ______
einen Geldbetrag spenden, damit sie außer Essensspenden auch noch notwendige Dinge hinzu-	(13) ______
kaufen kann. Wenn dies nicht Ihrem Konzept entspricht, gehen wir gerne selber einkaufen, um	(14) ______
wir notwendige Lebensmittel oder Getränke für das Weihnachtsessen einkaufen.	(15) ______
Wir würden uns sehr freuen, eine positive Antwort erhalten.	(16) ______
Mit freundlichen Grüßen	
Achim Subrovic und Familie	

Aufgabe 18 - Fehlerkorrektur (Gesamtwiederholung)

Sehr geehrte Damen und Herren,	
im Internet haben wir Ihre Anzeige für Ihre Jugendsportcamps gefunden. *Das* meine beiden	(0) *Da*
Kinder, die werden im Sommer 12 und 14 Jahre alt sein, begeisterte Reiter sind, haben wir uns	(1) ______
entschlossen, sie in eines Ihrer Camps zu schicken. Als wir die beiden anmelden, haben wir	(2) ______
allerdings noch einige Fragen.	(3) ______
Zunächst möchten wir wissen, wer passiert, wenn sich eines der Kinder beim Reiten verletzt	(4) ______
und dass die Teilnehmer an den Camps versichert sind. Außerdem reiten unsere Kinder schon	(5) ______
ein paar Jahre, so dass es interessiert uns, wenn die Teilnehmer in Anfänger und Fortgeschrit-	(6) ______
tene aufgeteilt werden. Darüber hinaus geht aus Ihrem Infomaterial nicht hervor, ob es gibt	(7) ______
außer dem Reitplatz im Freien auch eine geschlossene Reithalle, weil die Kinder auch bei	(8) ______
schlechtem Wetter reiten können. Das wäre alles, das ich von Ihnen im Moment gerne erfahren	(9) ______
würde. Es wäre natürlich auch schön, ob Sie mir eine Infobroschüre zuschicken könnten.	(10) ______
Über eine schnelle Antwort würde ich mich freuen.	
Mit freundlichen Grüßen	
Maja Hoppegarten	

Übersicht 25- Realer und irrealer Vergleich

V. Regeln zum Vergleich

(A) realer Vergleich

1. **Grundform des Adjektivs mit *so / ebenso … wie***

   ebenso: *genauso … wie, nicht so … wie, fast so … wie, doppelt so … wie, halb so … wie, ganz so… wie*

   Beispiele:

   (1) *Maria ist so alt wie Kerstin (alt ist).*

   (2) *Der Dom war fast so groß, wie wir ihn uns vorgestellt hatten.*

2. **Komparativ des Adjektivs mit *als* oder mit *anders als***

   Beispiele:

   (1) *Kerstin ist älter als Paul (es ist).*

   (2) *Paul ist anders als Timmy.*

(B) Der irreale Vergleichssatz (Hauptsatz + Nebensatz, Hauptsatz + Hauptsatz)

- Konjunktionen: ***als ob, als wenn, als,*** im Hauptsatz kann **so** hinzugefügt werden
- das Verb im Nebensatz bzw. im zweiten Hauptsatz steht *im Konjunktiv II*

Beispiele:

(1) *Paul tut so, als ob er älter als Kerstin wäre.*

(2) *Timmy verhält sich so, als wenn ihm das alles nichts anginge.*

(3) *Die Kinder räkeln sich in den Betten, als hätten sie bis tief in die Nacht gearbeitet.*

(C) Vergleichssätze mit je … desto / umso

- *je* leitet einen Nebensatz ein, *desto/ umso* leitet einen Hauptsatz ein.
- auf *je* und *desto / umso* folgt immer unmittelbar der Komparativ

Beispiel: *Je mehr du übst, desto sicherer fühlst du dich.*

Aufgabe 19 - Setzen Sie die richtigen Vergleichspartikel ein.

1) Statistisch ist der Beruf des Piloten oder der Krankenschwester fast genauso beliebt . . . . der des Feuerwehrmanns.

2) . . . . mehr Schulabgänger sich für ein Hochschulstudium entscheiden, desto schwieriger wird es für die Betriebe, Nachwuchs in Lehr- und Ausbildungsberufen zu finden.

3) Halb . . . . viele Menschen wie noch vor einigen Jahrzehnten, also ungefähr 50 % weniger, wollen den Beruf des Landwirts ausüben.

4) . . . . viele Abiturienten wie im vorigen Jahr entschlossen sich dazu, vor dem Studium eine Ausbildung zu machen.

5) Hat man einen Beruf gewählt, der einem nicht liegt, fühlt man sich zunächst oft . . . ., als wäre die berufliche Zukunft verbaut.

6) Da geht es einem so, ... vielen anderen auch.

7) Nicht so viele Studenten . . . . im Vorjahr, nämlich fünf Prozent weniger, haben das Studium abgebrochen.

8) Der Bedarf an Fachkräften, so ist immer wieder zu hören, sei . . . . groß wie noch nie.

Aufgabe 20 - Korrigieren Sie die folgenden Sätze.

1) In Deutschland gibt es zur Zeit so viele Museen als noch nie.

....

2) Auch die Zahl der Museumsbesucher ist höher wie noch im Vorjahr.

....

3) Es gehen aber nicht mehr doppelt so viele junge Menschen wie früher in Ausstellungen oder auch in klassische Konzerte oder die Oper.

....

....

4) Auch die Schulbildung spielt eine Rolle, denn nur halb so viele Besucher mit niedrigem Schulabschluss ebenso Besucher mit einem höheren Schulabschluss besuchen regelmäßig Museen oder Kunstausstellungen.

....

....

5) Je mehr gute Werbung für Museen und Ausstellungen gemacht wird, je mehr Menschen interessieren sich dafür.

....

....

6) Nachdem zum Beispiel für einen Besuch im Stadtmuseum auf den öffentlichen Verkehrsmitteln geworben wurde, kamen doppelt wie viele Besucher wie im Vormonat.

....

....

7) Es scheint eben so, als ob sich die Menschen mehr für Kultur interessieren werden, als früher angenommen wurde.

....

....

8) Halb so einen großen Erfolg wie die auffällige Werbung haben aber auch spezielle Programme für Familien mit Kindern, Behinderte oder Senioren, deren Interesse an Kultur so geweckt werden kann.

....

....

Aufgabe 21 – Textrekonstruktion (Vergleiche, Hauptsatzkonnektoren und Nebensätze)

Stadt oder Land? Ein bisschen Stadt- und Landmensch steckt in jedem von uns. Und manchmal kommt es sowieso ganz anders, __(0)__ man geplant hat. Unsere Lebenslage entscheidet, __(1)__ Seite dominiert. Wenigstens für eine gewisse Zeit, __(2)__ nichts ist für immer. Frauke Gomez kommt aus der Großstadt, aus München. Eigentlich wollte sie dort auch bleiben, __(3)__ dann kamen zuerst die Liebe und danach ihre beiden Söhne. __(4)__ wohnt sie nun gut zwanzig Kilometer außerhalb im kleinen Ort Buchendorf. Und wie geht es Frauke hier draußen? „Mindestens __(5)__ gut wie in der Stadt", beteuert die Journalistin, __(6)__ jetzt nach München in die Redaktion pendelt. „Mir fehlt absolut nichts. Es ist, als __(7)__ ich in einem kleinen Paradies angekommen __(8)__: viel Platz, viel Ruhe, riesiger Garten, Kuchenbacken, Quatschen mit der Nachbarin, die auch die Tagesmutter unserer Kinder ist". Die Familie fühlt sich in Buchendorf __(9)__ wohl, dass sie jetzt ein Haus kaufen will. Ein ganz konkretes Haus, __(10)__ ihnen schon lange gefällt. Man wird also länger bleiben. Vielleicht für immer? „Darüber habe ich noch nicht nachgedacht", sagt Frauke.

Gut überlegen sollte man aber, __(11)__ es nicht nur um die Gartenarbeit geht, die irgendwann nicht mehr zu bewältigen ist, __(12)__ auch darum, dass ein Hauskauf immer noch für die Ewigkeit ist, also für die Kinder und Kindeskinder, __(13)__ in der globalisierten Welt allerdings nur noch selten funktioniert. Oder man kauft es für die Altersvorsorge, das heißt __(14)__ mietfrei wohnen oder verkaufen und wieder in die Stadt ziehen. Doch es kann passieren, dass ein Haus nach einige Jahrzehnten nicht mehr so viel wert ist __(15)__ zum Zeitpunkt des Erwerbs und dass man plötzlich viel __(16)__ Geld im Alter hat __(17)__ geplant. Man fragt sich also, __(18)__ man am besten gar nichts kauft oder __(19)__ Kriterien ausschlaggebend sein sollten.

Grundsätzlich sind Immobilien auf dem Land viel __(20)__ als vergleichbare Objekte in der Stadt. Das spricht für das Dorf. Außerdem gilt: Je schwächer die Region ist, __(21)__ günstiger kann man dort Eigentum erwerben. __(22)__ gilt aber auch der folgende Grundsatz: __(23)__ mehr Menschen abwandern, desto __(24)__ Wohnraum steht leer und umso schneller sinken die Preise.

Bei der Frage, __(25)__ wir wohnen wollen, sind also nicht __(26)__ Emotionen wichtig, __(27)__ auch Rationalität ist gefragt, __(28)__ die erste Begeisterung vorbei ist.

(0) *als*
(1) ________
(2) ________
(3) ________
(4) ________
(5) ________
(6) ________
(7) ________
(8) ________
(9) ________
(10) ________
(11) ________
(12) ________
(13) ________
(14) ________
(15) ________
(16) ________
(17) ________
(18) ________
(19) ________
(20) ________
(21) ________
(22) ________
(23) ________
(24) ________
(25) ________
(26) ________
(27) ________
(28) ________

Aufgabe 22 – Fehlerkorrektur

Sehr geehrte Damen und Herren,

im Internet habe ich die Anzeige für Ihr Bauprojekt „Immanuel-Kant-Höfe" gefunden. *Als* ich Vater von zwei Kindern bin, interessiert mich Ihr Konzept des familiengerechten Wohnens in der Großstadt. Trotzdem habe ich einige Fragen zu Ihrem Bauprojekt. In Ihrer Beschreibung führen sie an, dass zum Beispiel eine Doppelhaushälfte in den „Immanuel-Kant-Höfen" langfristig günstiger sei wie eine entsprechende Immobilie auf dem Land. Der Preis, der Sie verlangen, ist aber fast doppelt als hoch wie eine entsprechende Immobilie in einem 50 km entfernt liegenden Dorf. Darum würde ich gerne wissen, dass Ihrer Behauptung eine wirtschaftliche Analyse zugrunde liegt und denn ja, ob diese zugänglich ist, denn die Frage der Finanzierung für uns natürlich von großer Bedeutung ist. In Ihrer Anzeige Sie heben außerdem die gute Infrastruktur der Wohngegend hervor. Es wäre schön, wenn sie hierzu genauere Angaben machen und mir mitteilen könnten, wie viele Schulen und Kindergärten es gibt in der Nähe und ob sie zu Fuß zu erreichen sind, welche öffentlichen Verkehrsmittel unkompliziert und gefahrlos erreichbar sind und wie es mit den Freizeitmöglichkeiten für Jüngere und Ältere aussieht.
Ich bedanke mich im Voraus für ihre Mühe

Mit freundlichen Grüßen
Klaus Gerber

(0) *Da*
(1) ________
(2) ________
(3) ________
(4) ________
(5) ________
(6) ________
(7) ________
(8) ________
(9) ________
(10) ________

Übersicht 26: Direkte Fragen

Direkte Fragen
(A) Entscheidungsfragen: Verb auf Position 1 Beispiele: ***Gehen** wir heute Abend ins Restaurant?*
(B) Frage mit Fragewort: Verb auf Position 2 ● Das Subjekt ist das Fragewort: *wer* oder *was, welcher, welche, welches + Substantiv* ● Ist das Subjekt nicht das Fragewort, dann befindet es (das Subjekt) sich auf Position 3 Beispiele: (1) ***Wer** holt die Torte vom Konditor ab?* (2) *Was gibt **es** heute zu essen?* **Überblick über einige Fragewörter:** (A) Fragepronomen: wer, was, welche, was für ein ... (B) Pronominaladverbien: woran, wofür, worüber ... (C) Frageadverbien: wo, woher, wohin, wann, seit wann, ab wann, wie lange, wie oft, wie, warum (weshalb, weswegen, wieso) ... Beispiele: *Wer kommt noch mit?* *Wen treffen wir dort?* *In welches Restaurant sollen wir gehen?* *Wem sagen wir noch Bescheid?* *Für wen sind die Blumen?* *Wessen Mantel ist das?* *Worauf freust du dich am meisten?* *Wie oft gehst du zum Tennistrainig?*

Aufgabe 23 - Formen Sie die indirekten Fragen in direkte Fragen (1.Person Sing.) um.

Sie haben noch nie etwas mit deutschen Behörden zu tun gehabt? Sie sollten sich zuerst einige Fragen stellen, bevor Sie unvorbereitet ein Amt betreten.

1) Die Öffnungszeiten sagen Ihnen, wann die Behörde für die Öffentlichkeit zugänglich ist.

....

2) Sie müssen sich klar darüber sein, was genau Sie von der Behörde wollen.

....

3) Als Ausländer müssen Sie zum Beispiel wissen, ob und wenn ja, welche Aufenthaltspapiere Sie benötigen.

....

....

4) Sie wollen vielleicht erfahren, wem Sie Änderungen des Familienstandes oder die Geburt eines Kindes mitteilen müssen.

....

5) Oder Sie fragen sich, wer Ihnen bei Fragen zum Verbraucherschutz weiterhilft.

....

6) Andere Mitbürger möchten wissen, ob und welche Baugenehmigung sie brauchen, wenn Sie ein Haus bauen oder etwas an ihrem Haus ändern wollen.

....

....

7) Sie wollen wissen, in wessen Zuständigkeit es liegt, über die Aufnahme Ihres Kindes in einen Kindergarten zu entscheiden.

....

....

8) Sie können im Rathaus an Ihrem Wohnsitz nachfragen, an welche Behörde Sie sich wenden müssen.

....

9) Sie können auch im Verwaltungsportal der Stadt im Internet nachsehen, welche Behörde Sie zu allen diesen Themen aufsuchen müssen.

....

10) Und wenn Sie die richtige Behörde gefunden haben, wird man Ihnen auch sagen, an wen Sie sich konkret mit Ihrem speziellen Anliegen wenden müssen.

....

Aufgabe 24 - Ein Besuch auf der Burg: Formen Sie die direkten in indirekte Fragen um.

Bei der Klassenfahrt haben die Schüler viele Fragen:

1) Warum wurden Burgen überhaupt gebaut?

Sie fragen, ...

2) Gab es auch schon vor dem Mittelalter Burgen?

Sie möchten wissen, ...

3) Welche verschiedenen Bauweisen gibt es?

Es interessiert sie auch, ...

4) Wer und wie viele Menschen wohnten auf einer Burg?

Natürlich möchten sie auch wissen, ...

5) Wozu dienten die verschiedenen Gebäude der Burg?

Einige Schüler fragen, ...

6) Wie konnte man sich auf einer Burg vor Angreifern schützen?

Beim Anblick der starken Mauern fragen sich viele, ...

....

7) Womit konnte man die Burg überhaupt angreifen?

Andere möchten erfahren, ...

8) Seit wann legte man Wassergräben um Burgen an?

Und selbst die Lehrer fragen, ...

9) Ab wann gab es Ritter und was bedeutet das Wort eigentlich?

Von Interesse ist für die jungen Besucher auch, ...

....

10) Wie wurde man überhaupt Ritter?

Max und Moritz fragen, ...

11) Welche Aufgaben hatte ein Ritter und mit welchen Waffen kämpfte er?

Sie möchten natürlich auch wissen, ...

....

12) Welchen Werten fühlten sich die Ritter verpflichtet und haben sie sich wirklich immer ritterlich verhalten?

Eine Schülerin erkundigt sich danach, ...

....

13) Wie lange dauerte ein Ritterturnier?

Der Leiter der Führung durch die Burg erklärt auch, ...

14) Wie viel wog eine Ritterrüstung?

Als sie die schweren Rüstungen sehen, wollen sie wissen, ...

15) Dürfen wir einmal ein echtes Ritterschwert in die Hand nehmen?

Zum Schluss fragen sie, ...

....

Übersicht 27: Aufforderungen

Übersicht: Aufforderungen

(A) Satzbau Imperativ

- Verb auf Position 1

Beispiele:
(1) ***Hol*** *den Hund ins Haus!*
(2) ***Backt*** *einen Kuchen!*
(3) ***Treten Sie*** *bitte ein, Frau Schuhmacher*

(B) Satzbau bei Aufforderungen in der 1. Person Plural

- 1. Person Plural Präsens + wir:

Beispiel: ***Gehen*** *wir!*

- Lasst uns + Infinitiv Präsens:

Beispiel: ***Lasst*** *uns darüber nachdenken!*

(C) Andere Mittel zum Ausdruck einer Aufforderung:

- Infinitivsatz ohne Subjekt:

Beispiel: *Nicht aus dem Fenster* ***lehnen****!*

- mit dem Konjunktiv II in Frageform:

Beispiele: ***Würdest du bitte*** *so freundlich sein und die Tasche tragen?*
Könnten Sie *mir bitte sagen, wo ich Fahrkarten kaufen kann?*

- mit müssen und sollen:

Beispiel: *Du* ***musst*** *unbedingt mitkommen!*

- mit Futur I:

Beispiel: *Du* ***wirst*** *dich jetzt sofort hinsetzen!*

- 2. Person Singular + Plural Präsens (+ Betonung):

Beispiel: *Du* ***gehst jetzt sofort*** *ins Bett!* | *Ihr* ***macht*** *euch* ***jetzt gleich*** *auf den Weg!*

- mit dem Passiv ohne Subjekt:

Beispiel: ***Es wird ab jetzt*** *bitte nicht mehr geredet!*

Aufgabe 25 - Im Hotel: Aufforderungen

Setzen Sie die passenden Wörter ein.

1) Die mehrköpfige Familie im Speisesaal:

heb / isst / könntest / lassen / lasst / machen / probieren / würdest

- .... sofort die Serviette vom Boden auf!
- Du sollst jetzt endlich deinen kleinen Bruder in Ruhe ....!
- .... du mir bitte die Speisekarte übersetzen?
- Sie müssen unbedingt die Spezialität unseres Hauses ....!
- .... uns doch mal in Ruhe das leckere Essen genießen!
- Du .... jetzt sofort dein Schnitzel!
- Liebling, ... du mir bitte das Salz reichen!
- .... wir nach dem Essen doch noch einen kleinen Spaziergang!

2) An der Rezeption bei der Ankunft einer großen Reisegruppe:

bitte / doch / gehen / könnten / nicht / sollten / wird / wirst

- Bitte .... vordrängeln!
- Lasst uns gleich nachher in die Hotelbar ....!
- .... Sie meine Koffer auf das Zimmer bringen?
- Ab jetzt .... der Urlaub genossen!
- Sie .... sich unbedingt die alte Ruine am Strand ansehen!
- Stellen wir .... das ganze Gepäck hier in die Ecke!
- .... haben Sie noch etwas Geduld!
- Du .... jetzt einfach einmal nicht meckern!

3) Am Hotelpool:

bringen / doch / du / guck / lasst / nicht / wir / würdest

- Kinder, hier steht ausdrücklich: .... vom Beckenrand springen!
- .... mal, Papi, ich kann vom Beckenrand springen!
- Fahren wir .... danach in das malerische Dorf da oben auf dem Berg!
- Könnten sie uns noch drei frisch gepresste Orangensäfte ....?
- .... uns ganz früh fünf Sonnenliegen belegen!
- .... duschst dich jetzt erst einmal und dann kannst du im Pool schwimmen!
- Los, ... machen jetzt ein Wettschwimmen!
- .... du mich bitte eincremen?

4. Schritt: Das Objekt

Erinnern Sie sich?

Übersicht 28: Das Verb und seine Ergänzungen

Übersicht: Das Verb und seine Objekte

(A) Verben ohne Objekt

- sie brauchen kein weiteres Objekt, um einen korrekten Satz zu bilden, sondern nur ein Subjekt (spielen, brennen, gehen, laufen u.a.m.)
  Beispiel: *Das Kind schläft. Die Frau arbeitet. Es regnet. Die Maschine funktioniert.*
- das Subjekt der folgenden Verben steht immer in der 3. Person: sich ereignen, gelingen, geschehen, missglücken, glücken, passieren
  Beispiel: *Es ist passiert. Das Experiment ist geglückt.*

(B) Verben mit Nominativergänzung:

- sein, werden, bleiben, heißen

1) sein und werden brauchen immer eine Ergänzung, auch wenn es kein Nomen ist
   Beispiele: *Das ist ein Fisch. Er ist blau.* | *Jannis wird Formel-1-Pilot. Er wird berühmt werden.*
2) bleiben kann mit einem zweiten Nominativ oder einer anderen Ergänzung ergänzt werden
   Beispiel: *Ich bleibe. Steve bleibt auch noch. Er ist und bleibt ein großer Zauberer.*
3) weitere Verben: scheinen (zu sein), gelten (als), (sich) fühlen (als), (sich) erweisen (als), (sich) entpuppen (als)
   Beispiel: *Er gilt als der größte Cellist aller Zeiten.*

(C) Verben mit Akkusativobjekt:

- Verben mit einem Objekt im Akkusativ
  Beispiel: *Der Hund hat ein buschiges Fell, kleine spitze Ohren, eine feuchte Nase und einen langen Schwanz.*

(D) Verben mit Dativobjekt (sie gehören zu den intransitiven Verben):

- Verben mit einem Objekt im Dativ
- Verben im Dativ drücken oft eine Beziehung zwischen zwei Menschen aus.
  Beispiele: *Sie ähnelt ihrem Vater.* | *Er fehlt mir sehr.*

(E) Verben mit Akkusativ- und Dativobjekt:

- Verben, die mit einem Objekt im Dativ und einem Objekt im Akkusativ ergänzt werden können
  Beispiel: *erklären* ▸ *Herr Kunz erklärt Herrn Hinz den Fahrplan.*
- Das Dativobjekt steht grundsätzlich vor dem Akkusativobjekt
  - Merken (1): wird eines der beiden Objekte durch ein Pronomen ausgedrückt, steht dieses immer vor dem zweiten Objekt
  - Merken (2): werden beide Objekte durch ein Pronomen ausgedrückt, steht das Akkusativobjekt vor dem Dativobjekt

  ☠ Nicht vergessen: Substantive im Dativ Plural mit der Endung **–n** (!)

  Beispiele: *Herr Kunz erklärt Herrn Hinz den Fahrplan.*
  Herr Kunz erklärt ihm den Fahrplan. ODER Herr Kunz erklärt ihn Herrn Hinz.
  Herr Kunz erklärt ihn ihm.

(F) Verben mit Präpositionalobjekt:

- siehe Übersicht 14: Regeln zu den Verben mit Präpositionalobjekt, Seite 36

(G) Seltene Ergänzungen:

1) Verben nur mit Genitivobjekt ▸ bedürfen, gedenken
   Beispiel: *Die defekte Anlage bedarf einer Nachbesserung.*
2) mit Akkusativ- und Genitivobjekt ▸ anklagen, beschuldigen, bezichtigen, verdächtigen
   Beispiel: *Die Polizei verdächtigte ihn der Hehlerei. Er wurde der Hehlerei verdächtigt.*
3) mit zwei Akkusativobjekten ▸ abfragen, kosten, lehren, nennen
   Beispiel: *Er fragt seine Schwester die Vokabeln ab.*

Aufgabe 1 – Verben mit Dativergänzung: Setzen Sie die richtigen Endungen ein

1) Ein Fisch gleicht d. . . . anderen!

2) Der Verzehr von ungeeigneten Lebensmitteln schadet d. . . . Gesundheit.

3) Das Taxi folgt d. . . . vorausfahrenden Wagen.

4) Max ähnelt sein. . . . Bruder überhaupt nicht.

5) D. . . . Kinder. . fehlt es an Geborgenheit.

6) Sie möchten ihr. . . Eltern und Bezugspersonen vertrauen.

7) D. . . . Spieler schmerzten nach dem Turnier die Gelenke.

8) Das neue Rathaus gefiel d. . . . Einwohner. . nicht.

9) Die Kleider passten ihr. . . . Tochter nicht mehr.

10) Der Versuch misslang d. . . . Forscher. . .

Aufgabe 2 – Verben mit Dativ- und Akkusativergänzung: Setzen Sie die richtigen Artikelwörter und Pronomen ein

1) Während Klara . . . . . . im Ausland wohnenden Freundin eine E-Mail schreibt, macht ihre Mitbewohnerin Vicky . . . . . . Nachbarn die Tür auf.

2) In Cafes und Kneipen ist . . . . . . Kunden das Rauchen untersagt, im Außenbereich ist es . . . . . . dagegen gestattet.

3) In . . . . . . Test müssen die Teilnehmer Gesetzmäßigkeiten erkennen und . . . . . . Raster die richtigen Formen zuordnen.

4) Der Reiseleiter schlägt . . . . . . Reisenden einen Besuch im Alpenzoo vor. Er rät . . . . . . auch, bis zum Aussichtspunkt hinaufzusteigen.

5) Die Händler verkaufen vor allem . . . . . . Sommerurlaubern ihre Waren.

6) Das Unternehmen liefert . . . . . . Genießern in der ganzen Welt seine Spitzenweine.

7) Im Literaturcafe erzählt ein Geschichtenerzähler . . . . . . Kindern jeden Samstagnachmittag Geschichten aus aller Welt.

8) Es ist notwendig, ... jungen Einwanderern mehr als nur die Grammatik und die Vokabeln zu erklären.

9) Man zeigt . . . . . . ausländischen Besucherin die Stadt.

10) Diebe stahlen . . . . . . Reisenden am Bahnhof Portemonnaies und andere Wertgegenstände.

Aufgabe 3 – Verben mit seltenen Ergänzungen (Genitivobjekt, Genitiv- und Akkusativobjekt, zwei Akkusativobjekte) und sonstige Verben: Setzen Sie die richtigen Artikelwörter ein.

1) Es bedurfte . . . . . . starken Überzeugungskraft, um . . . . . . Bewohner umzustimmen, damit sie . . . . . . Renaturierung des Flusses zustimmen.

2) Der junge Mann wurde . . . . . . Diebstahls und . . . . . . Industriespionage bezichtigt.

3) Die Bevölkerung gedenkt jedes Jahr . . . . . . Menschen, die bei der Naturkatastrophe ums Leben kamen.

4) In dem aufsehenerregenden Prozess werden drei Unternehmen . . . . . . Betruges durch eine so genannte Mogelsoftware angeklagt, welche . . . . . . Schafstoffwerte künstlich senkte.

5) Die Industriebetriebe wurden . . . . . . systematischen Grundwasserverschmutzung verdächtigt und überführt.

6) Die über siebzigjährige Frau und ihr Sohn werden . . . . . . Handels mit Drogen beschuldigt.

7) Die Verantwortlichen sind sich . . . . . . Ernsts der Lage noch nicht bewusst.

Aufgabe 4 – Setzen Sie die Wörter ein. Notieren Sie dann alle Verben mit den nötigen Ergänzungen

ANDERE || BELEGEN || DAS || DEN || DIE || DIE || DIE || EINE || EINEN || IHREM || NICHTS || SIE || VERBRINGEN || VIELEN || ZEICHNEN

1) Wie soll man . . . . schönsten Wochen des Jahres, also den Urlaub . . . . ?

2) Statistisch gesehen macht es . . . . Deutschen in den Ferien vor allem Spaß, ... zu tun, auszuschlafen, zu baden und essen zu gehen.

3) . . . . wiederum interessiert es, am Urlaubsort spazieren zu gehen und . . . . örtlichen Sehenswürdigkeiten zu besichtigen.

4) Es gibt natürlich auch Reisende, die sich in dieser Zeit einmal ganz entspannt . . . . Hobby widmen wollen.

5) Kunstliebhaber . . . . zum Beispiel . . . . Aquarell- oder Zeichenkurs, um die Landschaften, ... Licht und die Farben ihres Reiseziels zu malen oder zu . . . .

6) Auch Kochkurse, bei denen die Teilnehmer Rezepte der heimischen Küche kennen lernen, gefallen . . . . ambitionierten Hobbyköchen.

7) Viele Menschen fotografieren und filmen auch gern . . . . schönsten oder eindrucksvollsten, die witzigsten oder seltsamsten Momente ihres Urlaubs, um . . . . später nicht zu vergessen, sodass mittlerweile auch spezielle Fotoreisen angeboten werden.

8) Und wer gerne genuss- und stilvoll ausgeht, sollte sich überlegen, ... Gourmet- und Festivalreise zu buchen, die kulturelle mit gastronomischen Höhepunkten verbindet.

Aufgabe 5 - Wählen Sie das passende Verb aus und setzten Sie es in der richtigen Form ein!

1) Die Deutschen . . . . . . , wie eine neue Statistik zeigt, immer weniger Lust dazu, ihre Freizeit aktiv zu gestalten.

a) zeigen **b) besitzen** **c) haben**

2) Zwar steht auf Platz 1 erstaunlicherweise die Gartenarbeit, doch ihr . . . . . . auf den nächsten Plätzen Aktivitäten, die eher passiv sind und wenig Eigeninitiative . . . .

a) folgen **b) kommen** **c) finden** | **a) gebrauchen** **b) erfordern** **c) kosten**

3) Obwohl einem deutschen Erwachsenen im Durchschnitt pro Tag vier Stunden Freizeit zur Verfügung stehen, können sie sich nur schwer dazu aufraffen, Freunde zu . . . . . . oder wenigstens einmal pro Woche einer sportlichen Betätigung . . . .

a) machen **b) treffen** **c) ausgehen** | **a) nachgehen** **b) beschäftigen** **c) ausüben**

4) Immer weniger Deutsche . . . . darüber hinaus Künstlern und Musikern im Theater, in der Oper oder im Konzertsaal.

a) klatschen **b) bewundern** **c) applaudieren**

5) Wer Ausstellungen und Museen . . . . . . , gehört ebenfalls zu einer Minderheit.

a) besuchen **b) anschauen** **c) besichtigen**

6) Bei Kindern und Jugendlichen sieht die Freizeitgestaltung dagegen vielfältiger aus, denn Kinder . . . . . . immer noch Bücher, sie . . . . . . Steine, Muscheln, Tannenzapfen oder andere für sie wertvolle Dinge.
a) schauen b) lernen c) lesen | a) werfen b) sammeln c) komponieren

7) Wenn sie die Möglichkeit dazu . . . . . . , toben sie sich körperlich aus und . . . . . . Aktivitäten aus, die ihnen Spaß . . . .
a) wollen b) können c) haben | a) probieren b) schlafen c) gehen | a) bekommen b) versprechen c) geben

8) Erst wenn man älter wird, ... man offenbar das Interesse an vielfältigen, manchmal auch kurzlebigen Freizeitaktivitäten und . . . . . . , die verbleibende Kreativität und Spontanität auf das Wochenende oder den Urlaub.
a) verlieren b) gewinnen c) haben | a) organisieren b) verbrauchen c) verschieben

Aufgabe 6 – Zur Wiederholung: Verben mit Präpositionalobjekt

Setzen Sie die passenden Präpositionen und Pronominaladverbien ein!

1) Die Umweltinitiative setzte sich . . . . . . eine gut organisierte Müllverwertung n der Kommune ein.
a) in b) für c) gegen

2) Die Stadtverwaltung arbeitet schon seit längerem . . . . . . einem Konzept zur Müllvermeidung.
a) mit b) an c) für

3) Viele Einwohner zweifeln allerdings . . . . . . , ob sich ein neues Konzept durchsetzen lässt.
a) daran b) darüber c) damit

4) Ein Mitarbeiter der Verwaltung, der . . . . . . Fragen des Recyclings spezialisiert ist, hat einen Vortrag zu dem umstrittenen Thema gehalten.
a) auf b) zu c) in

5) . . . . . . es den Anwesenden vor allem ankam, war eine kostengünstige und umweltfreundliche Lösung.
a) Wofür b) Woran c) Worauf

6) Überdies hofft man bei der Stadtverwaltung . . . . . . einen großzügigen Zuschuss aus der Kasse des Bundeslandes.
a) für b) durch c) auf

Aufgabe 7 – Zur Wiederholung: Verben mit Präpositionalobjekt

Setzen Sie, wo nötig, die passenden Artikelwörter ein.

1) Die Pharmaindustrie konzentriert sich vor allem auf . . . . . . Erforschung und Produktion von Medikamenten gegen weit verbreitete Krankheiten.

2) Sie orientiert sich dabei vor allem an . . . . . . Märkten reicher Länder.

3) Natürlich muss auch ärmeren Ländern bei . . . . . . Bekämpfung schwerer Krankheiten und von Epidemien geholfen werden.

4) Es gibt übrigens immer mehr Menschen, die bei diversen Erkrankungen gerne auf . . . . . . Hausmittel oder homöopathische Metthoden zurückgreifen.

5) Der Markt hat auch auf . . . . Trend reagiert.

6) In Apotheken, Drogerien und Reformhäusern wird gezielt für . . . . . . Produkte geworben, die eine natürliche Heilung ohne Medikamente versprechen.

Übersicht 29: Regeln zum Objekt

Nomen, Pronomen, Nebensatz und Agens

Regel Nr. 1: Nomen, Nomengruppe oder Pronomen als Objekt

- Das Objekt besteht in der Regel aus einem Nomen, einer Nomengruppe oder einem stellvertretenden Pronomen:

Beispiele: *Hans hört **Musik**.*
*Hans hört **Musik von Peter Tschaikowsky**.*
*Hans hört **sie** in seinem Arbeitszimmer.*
*Hans, **den** seine Kollegen sehr schätzen, ist ein Freund klassischer Musik.*
*Er hört **alles, was** Tschaikowsky komponiert hat.*
*Er freut sich **darauf**, morgen die 1. Sinfonie zu hören.*

Regel Nr. 2: Nebensätze oder Infinitivkonstruktionen als Objekt

- Ein Nebensatz oder eine Infinitivkonstruktion können ebenfalls Objekt sein:

Beispiele: ***Ob Hans auf seinen Vater gehört hat,** wissen wir nicht.*
***Dass dieser Fisch ganz frisch ist,** sehen Sie ja selbst.*
***Wen** sie gesehen haben, haben wir nicht erfahren.*
*Wir wissen aber, **warum sie nicht gekommen sind.***
*Sie empfehlen ihnen, **vorsichtig zu sein.***
*Sie hofft, **sie wird ihn wiedersehen.** (so genannter uneingeleiteter Nebensatz)*
*Sie wusste, **wie sie ihn überzeugen konnte.***
*Er sah **sie** kommen.*

Regel Nr. 3: Das Agens

- Das Subjekt des Aktivsatzes wird im Passivsatz zum Agens mit ***von*** oder ***durch***:

Beispiele: *Der Baum wurde **durch einen Sturm** niedergerissen.*
*Die verunglückte Frau **wurde von einem Retter** in Sicherheit gebracht.*

Aufgabe 8

1) Es ist nicht nur das Gebettel des Nachwuchses, sondern es gibt viele gute Gründe dafür, ... Wunsch der Kinder nach einem Haustier nachzugeben.

2) Wissenschaftler sind sich darin einig, dass .... Hund, Katze und Co die psychische und emotionale Entwicklung der Kinder stabilisiert wird.

3) Haustiere können auf vielfältige Weise trösten: Sie nehmen die ...., wie sie sind, sie haben immer .... und hören sich .... Sorgen an, ohne ungebetene Ratschläge zu erteilen oder .... besser zu wissen.

4) Außerdem verfügen die Kinder, ... die Eltern mit einem vierbeinigen Freund beschenken, über .... besseres Immunsystem und sind weniger gestresst.

5) .... Tier man für den Nachwuchs auswählt, sollte man sich allerdings gut überlegen.

6) Hamster zum Beispiel gehören zu .... nachaktiven Tiere und schlafen tagsüber, während Reptilien jeder Art, also auch Schildkröten, wegen der Salomonellengefahr nicht nur für die Kinder .... Risiko darstellen.

7) .... nicht ein kleines, also in der Haltung preiswertes Haustier nehmen, fragen sich viele Eltern, doch auch kleine Tiere müssen artgerecht gehalten werden, brauchen Platz, gutes Futter und .... Tierarzt, denn es sind lebendige Wesen mit .... ganz besonderen Bedürfnissen.

8) Kinder versprechen gerne, ... sie sich um das Haustier kümmern werden, doch .... Eltern muss klar sein, dass sie es sind, die .... Verantwortung für den neuen Mitbewohner übernehmen müssen.

9) Nicht vergessen darf man auch, dass kleine Kinder .... Kräfte und ihr Verhalten den Tieren gegenüber nicht wirklich unter Kontrolle haben und deren .... eventuell nicht richtig vorhersehen oder interpretieren können.

10) Natürlich bedeutet ein Haustier .... Umstellung und Pflichten, doch der Einfluss auf den Charakter der Kinder, die gelernt haben, mit .... anderen Lebewesen sensibel umzugehen und .... Tiere zu lieben, kann nur positiv sein.

Übersicht 30: Artikelwörter und Adjektivdeklination

Begleiter des Objekts: Artikel und Artikelwörter, Adjektive und Partizipien

Regel Nr. 1:

- Ist das Objekt ein Nomen, wird es von einem Artikel oder von einem Artikelwort im Akkusativ, Dativ oder Genitiv im Singular oder Plural begleitet.
- Der Kasus richtet sich nach dem Prädikat (Verb).
- **Ausnahme:** der unbestimmte Artikel besitzt keinen Plural!

Regel Nr. 2:

- Das Nomen kann von einem Adjektiv oder von einem als Adjektiv gebrauchten Partizip begleitet werden
- Die Endungen lauten (maskulin, feminin, neutral, Plural):

1. Endungen mit bestimmtem Artikel (maskulin | feminin | neutral | Plural):

Akkusativ:	-en	-e	-e	-en
Dativ:	-en	-en	-en	-en
Genitiv:	-en	-en	-en	-en

2. Endungen mit unbestimmtem Artikel:

Akkusativ:	-en	-e	-es
Dativ:	-en	-en	-en
Genitiv:	-en	-en	-en

3. Endungen ohne Artikel:

Akkusativ:	-en	-e	-es	-e
Dativ:	-em	-er	-em	-en
Genitiv:	-en	-er	-en	-er

Regel Nr. 3:

- Nach diesen Artikelwörtern werden Adjektive wie nach dem bestimmten Artikel dekliniert:
  dieser, jeder, jener, derselbe, derjenige, welcher, mancher
  nur im Plural: *alle, beide, sämtliche, irgendwelche, keine, (alle Possessivpronomen im Plural)*
- Nach diesen Artikelwörtern werden Adjektive im Singular wie nach dem unbestimmten Artikel dekliniert:
  irgendein, kein, alle Possessivpronomen im Singular
- Nach diesen Wörtern werden Adjektive dekliniert, wie wenn kein Artikel existiert:
  Indefinitpronomen: *viel, wenig, etwas, nichts,* ***deren*** (Relativpronomen), ***dessen*** (Relativpronomen), ***wessen*** (Fragepronomen)

Aufgabe 9 – Korrigieren Sie die Adjektivendungen

Unterstreichen Sie die Adjektive mit fehlerhaften Endungen und notieren Sie das Adjektiv mit der korrekten Endung zusammen mit dem Substantiv und eventuell mit dem Artikelwort.

1) Wer erfindet eigentlich die viele Spiele, elektronischen oder klassischen Brettspiele, die wachsame Eltern, je nach dem, mit Sorge oder mit Genugtuung betrachten?

....

2) Besonders die klassischen Brett- und Kartenspiele gelten bei den besorgt Eltern als ungefährlich, sodass es umso erstaunlicher ist, dass der Staat den schöne Beruf des Spieleentwicklers nicht regelt oder fördert.

....

3) Diese Menschen, deren spannenden Spiele in den Regalen der Spielwarenhandelungen zu finden sind, verlassen sich alleine auf ihre schöpferisches Fantasie, wenn es darum geht, neuen Spielideen zu entwickeln und umzusetzen.

....

4) Jährlich zeichnet eine Jury die beste Spiele mit Spielepreisen aus, wie zum Beispiel dem „Spiel des Jahres".

....

5) Ganz anders sieht es mit den elektronischen Spielen aus, jener ständig wachsender Gruppe von Spielen, deren negative Einfluss vor allem auf jungen Menschen so gerne öffentlich diskutiert wird.

....

6) Hochschulen, Fachhochschulen und privat geleitete Akademien bieten den populäres Studiengang „Game-Design" an, in dem Dozenten ambitionerten digitalen Spieleentwicklern die nötige Kenntnisse vermitteln.

....

7) Absolventen dieses relativ neues Studiengangs finden in der freien Wirtschaft einen Arbeitsplatz oder sie eröffnen ihr eigenen Studio, um Spiele oder Apps zu entwickeln.

....

8) Sie hoffen auf den boomender Markt der elektronischer Spiele oder erweitern ihre erworbene Kenntnisse in einem Anschlussstudium, wie zum Beispiel der Medieninformatik.

....

Übersicht 31: Ergänzungen, die von einem Adjektiv abhängen

Ergänzungen, die von einem Adjektiv abhängen

▷ **Adjektive mit Ergänzung im Akkusativ**

Beispiele: breit sein + Akkusativ: *Das Bett ist **einen Meter** breit.*
alt sein + Akkusativ: *Die Kätzchen sind **einen Monat** alt.*
weitere Beispiele: *dick sein. hoch sein, lang sein, schwer sein, tief sein* und andere mehr

▷ **Adjektive mit Ergänzung im Dativ**

Beispiele: jemandem / etwas ähnlich sein: *Die Zwillinge sehen **ihrer Mutter** sehr ähnlich.*
*jemandem sympathisch sein: Der neue Lehrer war **den Kindern** sehr sympathisch.*

weitere Beispiele: jemandem bekannt sein, jemandem bewusst sein, jemandem böse sein, jemandem dankbar sein, jemandem fremd sein, jemandem / etwas gefährlich werden, jemandem klar sein, jemandem lästig sein / werden, jemandem möglich sein, jemandem nahe stehen, jemandem neu sein, jemandem nützlich sein, jemandem peinlich sein, jemandem recht sein / geben, jemandem schlecht sein / werden, jemandem / etwas treu bleiben, jemandem überlegen sein, jemandem unterlegen sein, sich jemandem / etwas verbunden fühlen, jemandem wichtig sein, jemandem willkommen sein

▷ **Adjektive mit Ergänzung (Objekt) im Genitiv:**

Beispiele: *sich etwas bewusst sein : Sie waren sich ihres Erfolges bewusst.*
sich etwas sicher sein: Sie waren sich ihres Erfolgs sicher.

weitere Beispiele: etwas fähig sein, sich etwas gewiss sein, etwas verdächtig sein, etwas überdrüssig sein, etwas nicht würdig sein

▷ **Adjektive mit Präpositionalobjekt:**

Beispiele: *Die Immigranten sind **stolz auf** ihren Erfolg.*
*Niemand **war an** den Folgen der spontanen Entscheidung **interessiert**.*

▷ **Adjektive mit zwei Ergänzungen**

(1) Dativ und Akkusativ

Beispiel: Jemandem etwas schuldig sein: *Ich bin dir nichts schuldig.*

(2) Dativ und Präpositionalobjekt

Beispiel: jemandem bei etwas behilflich sein: *Kann ich Ihnen beim Tragen behilflich sein?*
jemandem für etwas dankbar sein: *Oh ja, ich bin Ihnen für ihre Hilfe dankbar!*

(3) Adjektive mit Objekt und Adverbialbestimmung

jemandem + Adverb gesinnt sein: *Sie waren ihm übel gesinnt.*

Aufgabe 10 – Setzen Sie die passenden Pronomen ein

einem ihm (2x) ihnen (2x) ihr jedem niemandem uns (2x)

1) Das Menschengedränge in der Altstadt kann .... manchmal recht lästig sein.
2) Die Touristen waren .... für seine Hilfe dankbar.
3) Der Stadtplan war .... nützlich, damit wir das Hotel finden.
4) Es muss .... klar sein, dass im Ausland oft andere Sitten herrschen.
5) Die wichtigsten Sehenswürdigkeiten waren .... schon bekannt, bevor sie die Reise antrat.
6) Sich auf Fernreisen gut vorzubereiten und einen Gesundheitscheck zu machen, war .... sehr wichtig.
7) Man kann .... böse sein, wenn er sich im Ausland aus Versehen einmal falsch benimmt.
8) Weil wir die Überfahrt auf die Insel bei Sturm machten, war .... leider schnell schlecht geworden.
9) Das Verhalten der Mitreisenden ist .... manchmal etwas peinlich gewesen.
10) Dieses Reiseziel ist für mich der schönste Ort der Welt, deshalb werde ich .... treu bleiben.

Aufgabe 11

Setzen Sie die richtigen Präpositionen ein.

1) Der Servicemitarbeiter war .... den Kunden ein wenig unfreundlich.

2) Die beiden jungen Leute sind ganz traditionell .... einander verlobt.

3) Die Kinder waren richtig böse .... ihre Eltern.

4) Das hätte ich nicht erwartet. Ich bin wirklich enttäuscht .... dir.

5) Sie sind schon seit langer Zeit .... einander befreundet.

6) Unsere Nachbarn sind immer sehr freundlich .... uns und wir .... ihnen.

7) Die Angestellten sind verärgert .... ihren Vorgesetzten.

8) Die Leute, die Sie dort sehen, sind alle .... einander verwandt.

9) Sie ist sehr erfahren .... Umgang mit schwierigen Schülern.

10) Die eine Schwester war eifersüchtig .... die andere, der Bruder war neidisch .... alle beide.

Aufgabe 12

Welche Präposition ist richtig?

1) Zahlreiche beliebte Lebensmittel und Snacks sind arm *in / mit / an* Vitaminen und anderen nützlichen Nährstoffen, jedoch reich *für / an / mit* Fett und Kohlehydraten.

2) Eine ausgewogene Ernährung ist aber entscheidend *für / bei / zu* unsere Gesundheit.

3) Unser Körper ist allerdings auch *auf / von / bei* ausreichend Schlaf angewiesen, damit wir uns rundum fit fühlen.

4) Schlafmangel ist nämlich schuld *bei / für / an* Konzentrationsstörungen und Nervosität.

5) Wer sich *dafür / damit / darum* bemüht, im Alltag ein wenig Zeit für sich selbst zu finden, ist mit seinem Leben zufriedener.

6) Natürlich sind wir *durch / von / bei* der Arbeit oft zu müde, um noch einmal aktiv zu werden.

7) Schnell hat man sich darüber hinaus *an / bei / vor* ein bequemes Leben gewöhnt.

8) Der Körper ist allerdings dankbar *mit / durch / für* jeden Versuch, auf ihn mehr achtzugeben.

Aufgabe 13 – Textrekonstruktion: Subjekt, Objekte und ihre Begleiter

Wenn die Natur (0) Katastrophe wird

Vulkanausbrüche, Erdbeben, Tsunamis, Überschwemmungen, Dürren, Lawinen oder tropische Stürme: Für den Menschen werden (1) Naturereignisse durch mangelndes Bewusstsein und fehlendes Wissen über bestehende Risiken sowie mangelnde Anpassung an die Natur zu Katastrophen. (2) extreme Verstädterung und Industrieansiedlung auch in gefährdeten Gebieten, Begradigung von Flussläufen und Zerstörung von Überflutungsgebieten, Abholzung der Wälder und nicht an den Standort angepasste Landwirtschaft sind meistens die (3) für den Verlust einer hohen Zahl an Menschenleben.Der Klimawandel und die Ansprüche einer steigenden und wohlhabender werdenden Weltgesellschaft erhöhen (4) Gefahrenpotenzial von Naturkatastrophen weiter, denn sie haben Stürme und Fluten, eine steigende Bodenerosion und (5) sich verringernde Leistungsfähigkeit der Ökosysteme zur Folge, so dass immer mehr Menschen an den Küsten siedeln.
Obwohl (6) natürlich nicht verhindert werden können, so kann man doch ihre (7) und ihr Gefahrenpotenzial drastisch verringern. Entscheidend ist, wie wir uns verhalten und wie wir (8) Lebensumwelt gestalten, das heißt wo wir siedeln, wie wir unsere (9), Schulen und unsere Industrieanlagen bauen und wie unsere Landwirtschaft organisiert ist. Entscheidend ist auch, wie bewusst sich (10) der Gefährdungen in seinem natürlichen Lebensumfeld ist und ob er handlungsfähig ist, um sich und (11) Eigentum beim Eintreten von Naturereignissen zu schützen.
Das (12) über Naturereignisse und das Bewusstsein für Gefährdungen zu vermitteln, ist vor allem eine (13) eines jeden Staates. Die UNESCO unterstützt darum (14) mit weniger Erfahrungen und finanziellen Ressourcen, damit sie (15) Bürger auf Naturereignisse vorbereiten können. Katastrophenvorsorge ist vor allem in den besonders gefährdeten Regionen der Erde nötig, die ihren (16) am wenigsten helfen können. Die (17) mit Naturkatastrophen der Vergangenheit haben gezeigt, dass man durch (18) und Bildung den Folgen von Katastrophen am besten begegnen kann.

(0) *zur*
(1) ____
(2) ____
(3) ____
(4) ____
(5) ____
(6) ____
(7) ____
(8) ____
(9) ____
(10) ____
(11) ____
(12) ____
(13) ____
(14) ____
(15) ____
(16) ____
(17) ____
(18) ____

Aufgabe 14 – Finden Sie die Fehler

Sehr geehrte Damen und Herren,

im Radio habe ich *der* Meldung gehört, dass die Stadt im Wege das Crowdfunding Spender sucht, damit das Kindermuseum in ein größeres und behindertengerechtes Gebäude umziehen kann. Als Vater eines behinderten Kind möchte ich mich an dieser Aktion gerne teilnehmen. Allerdings möchte ich auch sicher sein, dass das gespendete Geld tatsächlich für dieses Zweck eingesetzt wird. Wie kann ich sicher sein, dass die Stadt den Spender gegenüber für die notwendige Transparenz sorgt? Außerdem führen Sie auf Ihrer Website nicht die Größe des Betrages an, der erreicht werden soll, sowie den Hinweise darauf, wie viel Geld bereits gespendet worden ist. Ich weiß aber, dass es bei Crowdfunding-Aktionen üblich ist, sowohl ein konkrete Dauer für die Aktion als auch den Betrag zu nennen, der erreicht werden soll. Wo kann ich diesen Informationen erhalten? Erhält man als Spender auch irgendwelche Leistung, zum Beispiel freien Eintritt in das Museum oder etwas Ähnliches? Ich würde mich freuen, wenn Sie mir für meine Fragen eine kurze Antwort geben könnten.

Mit freundlichen Grüßen
Amadeus Trazom

(0) *die*
(1) ____
(2) ____
(3) ____
(4) ____
(5) ____
(6) ____
(7) ____
(8) ____
(9) ____
(10) ____

Aufgabe 15 – Ausgebremst: Frauen in der Wissenschaft (Teil 1)

Welche beiden Wörter passen nicht?

(0) ***Woran*** / ***~~Worum~~*** / ***~~Wofür~~*** liegt es, dass viele begabte und gut ausgebildete Frauen in der Wissenschaft nicht bis zur Spitze vordringen und Leitungsfunktionen **(1)** ***zunehmen / vernehmen / übernehmen?*** Was sind die Gründe für deren „Verschwinden", und was muss getan werden, um diese Frauen für eine dauerhafte **(2)** ***Entwicklung / Karriere / Weiterkommen*** im Wissenschaftsbetrieb zu gewinnen? Trotz der Tatsache, dass Erziehungs- und Bildungsinstitutionen heute allgemein mehr **(3)** ***für / auf / an*** die Förderung und gleiche Chancen für Mädchen und Frauen achten, ist die wissenschaftliche Elite in Deutschland fast ausschließlich männlich. Auch wenn man in den letzten Jahren **(4)** ***mehr / meisten / weniger*** Wissenschaftlerinnen in den Führungspositionen der Hochschulen antrifft, sind es immer noch weniger als ihr prozentualer Anteil am Gesamtpersonal der Hochschulen. Das gilt auch **(5)** ***für / bei / mit*** entsprechende Frauenanteile an außeruniversitären Forschungseinrichtungen. Damit belegen die deutschen Hochschulen auch im europäischen Vergleich **(6)** ***diesen / keinen / einen*** der letzten Plätze.

Aufgabe 16 – Ausgebremst: Frauen in der Wissenschaft (Teil 2)

Welche beidenWörter passen nicht?

Es besteht eine **(7)** ***Vielzahl / Anzahl / Mehrzahl*** von Gründen, die sich wechselseitig bedingen und dazu führen, dass exzellent ausgebildete Frauen in der Wissenschaft **(8)** ***keine / jede / manche*** Karriere machen. Ergebnisse aus der Eliteforschung zeigen, dass begabte Mädchen und junge Frauen bereits in Familie, Schule und Freundeskreis kaum **(9)** ***daran / dafür / dazu*** motiviert werden, **(10)** ***einige / ihre / jene*** vorhandenen Fähigkeiten systematisch auszubauen und in ihre berufliche Zukunft zu investieren. Häufig werden Mädchen von ihren **(11)** ***Mitschülern / Eltern / Professoren*** eher gebremst und darin unterstützt, bescheiden, artig und angepasst zu sein. Intelligente, mutige und unangepasste Mädchen, die **(12)** ***sehr / einen / über*** starken Willen und eigene **(13)** ***Ideen / Vorstellungen / Ansicht*** von ihrer Zukunft haben, gelten als „schwierig" und „wild". Zudem diskriminieren Freundinnen Mädchen, die sich nicht **(14)** ***mit / für / an*** die geltenden Schönheitsnormen halten oder sich nicht **(15)** ***in / bei / für*** die leitenden Gruppen einordnen wollen und grenzen **(16)** ***ihnen / sie / es*** - auf oft sehr verletzende Weise - aus.

Aufgabe 17 – Ausgebremst: Frauen in der Wissenschaft (Teil 3)

Wählen Sie aus den vorgegebenen Wörtern.

achten / als / am / an / Anerkennung / auf / dem / die / Eindruck / etwas / orientieren / Verzicht

In der Schule lernen begabte Mädchen, sich nicht (1) .... Erfolg zu orientieren, sondern sich klein und unsichtbar zu machen, um nicht (2) .... „Streberinnen" zu gelten.
Hochbegabte Mädchen gewinnen so den (3) ...., Leistung bringe nur Ärger ein.
Insgesamt nimmt das Selbstvertrauen der Mädchen in der Schule weniger zu als das der Jungen, weil ihre Leistung nur wenig (4) .... findet. Es fehlt auch (5) ....der Ermutigung, etwas aus sich zu machen. So verlernen sie, (6) .... ihre Leistungsfähigkeit zu vertrauen und sich auch beruflich (7) .... zuzutrauen.
In der Konsequenz wird dadurch die "innere Stimme", die (8) .... Menschen sagt, was gut für ihn ist, bei Mädchen im Verlauf ihrer Sozialisation immer schwächer. Sie lernen stattdessen, auf äußere Normen zu (9) .... und sich am Wohlwollen anderer zu (10) .... So kommt es, dass sich begabte Mädchen nicht (11) .... Ziele setzen, die sie aufgrund ihrer Leistungsfähigkeit erreichen könnten. Statt dessen üben sie freiwilligen (12) ....

Aufgabe 18 – Ergänzen Sie die fehlenden Wörter:

Jugend forscht

Sie haben von (0) akustischen Farbdetektor für Sehbehinderte über einen solarbetriebenen Walkman bis hin zur Stromproduktion aus Joghurt fast (1) erfunden. Schon seit 50 Jahren wird von (2) Teilnehmenden beim Nachwuchswettbewerb „Jugend forscht" bewiesen, dass sich scheinbar unmögliche (3) in die Realität umsetzen lassen. Mehr als 230.000 junge Forscherinnen und Forscher haben in den letzten Jahrzehnten mit ihren Beiträgen ihre wissenschaftlichen Begabung (4) und auch heute braucht die Welt die (5) Ideen der Jugend, ob bei der Lösung ganz alltäglicher Probleme oder bei der Suche nach Antworten auf tagesaktuelle Fragen der Wissenschaft. Im Wettbewerb „Jugend forscht" und in der Juniorsparte „Schüler experimentieren" können Schülerinnen und Schüler, Azubis und Studierende zeigen, was in ihnen steckt und mit welchen Ideen sie (6) Welt verbessern wollen. Über 11.000 junge Talente nutzen jedes Jahr diese (7) und stellen – allein oder im Team – ihr Projekt aus den Bereichen Mathematik, Informatik, Naturwissenschaften oder Technik (8). Der Höhepunkt des Forscherwettbewerbs ist der Bundeswettbewerb, (9) dem die Sieger der Landeswettbewerbe teilnehmen. (10) Bestplatzierten erhalten neben Ruhm und Ehre auch Geld- und Sachpreise. Und: Wer mitmacht, profitiert auch nach dem Wettbewerb (11) den gesammelten Erfahrungen. Viele ehemalige Teilnehmerinnen und Teilnehmer von „Jugend forscht" bleiben ihrem (12) treu und machen Karriere in Wissenschaft und Wirtschaft. „Jugend forscht" ist eine gemeinsame Initiative von der Bundesregierung, der Zeitschrift "stern" und der Wirtschaft. Die Kultusministerien und Schulen unterstützen den (13) maßgeblich. Rund 250 Partner aus Wirtschaft und Wissenschaft richten die Wettbewerbe aus, stiften Preise und fördern auch (14) Aktivitäten. Rund 5000 Lehrer unterstützen „(15) forscht" ehrenamtlich als Projektbetreuer und Wettbewerbsleiter. Mehr als 3000 Fach- und Hochschullehrer sowie Experten aus der Wirtschaft bewerten schließlich (16) eingereichten Arbeiten.

(0) *einem* ______
(1) ______
(2) ______
(3) ______
(4) ______
(5) ______
(6) ______
(7) ______
(8) ______
(9) ______
(10) ______
(11) ______
(12) ______
(13) ______
(14) ______
(15) ______
(16) ______

5. Schritt: Sonstige Ergänzungen

Erinnern Sie sich?

Übersicht 32: Adverbiale Bestimmungen – Adverbien der Zeit

Adverbien der Zeit
1) Bezeichnung des Zeitpunktes ▶ Adverbien, die für die Bezeichnung eines Zeitpunktes oder eines Zeitabschnittes verwendet werden ▶ sie geben Antwort auf die Frage, ***wann*** etwas passiert **eine Auswahl:** ● *anfangs, anschließend, bald, damals, danach, dann, davor, eben, endlich, eher, früh, früher, gerade, gestern, heute, heutzutage, hinterher, inzwischen, irgendwann, jetzt, kürzlich, mittlerweile, morgen, nachher, nachträglich, neulich, nun, schließlich, schon einmal, seitdem, seither, übermorgen, vorerst, vorher, vorhin, werktags, zugleich, zuletzt, zurzeit* ▶ **Verneinung:** *nie, niemals, noch nie*
2) Bezeichnung einer Zeitdauer ▶ Adverbien wie die folgenden bezeichnen eine Zeitdauer: ▶ sie geben Antwort auf die Frage ***wie lange*** *etwas dauert* **eine Auswahl:** ● *lange, schon lange, noch, noch immer, zeitlebens, ganztags, halbtags* ▶ **Verneinung:** *nie, niemals, nicht mehr*
3) Bezeichnung der Wiederkehr oder der Wiederholung ▶ Adverbien wie die folgenden drücken eine Wiederkehr oder Wiederholung aus ▶ sie geben Antwort auf die Frage ***wie oft*** etwas geschieht **eine Auswahl:** ● *bisweilen, häufig, manchmal, mehrmals, oft, selten, dauernd, immer, ständig, stets, abends, nachts, morgens, mittags, vormittags, nachmittags, montags, dienstags usw., einmal, zweimal, dreimal* ▶ **Verneinung:** *nie, niemals, nicht mehr*

Aufgabe 1 – Ordnen Sie den Definitionen passende Adverbien zu

a) Bezeichnung des Zeitpunkts

Beispiel: *Ein Ereignis folgt zeitlich auf das andere: danach, dann, hinterher, nachher*

1) zu einem bestimmten vergangenen Zeitpunkt oder während eines vergangenen Zeitraums: ....

2) in der Gegenwart: ....

3) innerhalb kurzer Zeit, in Kürze: ....

4) vor sehr kurzer Zeit, vor einem Moment: ....

5) nicht an Sonn- und Feiertagen: ....

6) es ist noch nicht lange her: ....

7) von einem bestimmten Zeitpunkt an oder zwischen zwei Zeitpunkten: ....

8) Ein Ereignis liegt zeitlich vor dem anderen: ....

b) Bezeichnung der Zeitdauer

1) ein ganzes Leben lang: . . . .

2) in Vollzeitbeschäftigung arbeiten: . . . .

3) in Teilzeitbeschäftigung arbeiten: . . . .

4) über einen großen Zeitraum hinweg: . . . .

c) Bezeichnung der Wiederkehr und der Wiederholung

1) einige Male, von Zeit zu Zeit: . . . .

2) regelmäßig zu einer bestimmten Tageszeit: . . . .

3) regelmäßig an einem bestimmten Tag: . . . .

4) viele Male: . . . .

5) fast nie: . . . .

6) sich ohne Unterbrechung wiederholend: . . . .

Aufgabe 2 – Streichen Sie das Adverb, das nicht passt

①

Warum früher / ~~danach~~ alles besser war

Die meisten Menschen leiden unter einer „Rosige-Vergangenheit"-Verzerrung. Das heißt ganz einfach, dass wir (1) ***nachträglich / seitdem / hinterher*** gern meinen, unsere Erlebnisse seien interessanter gewesen, als sie es (2) ***früher / vorerst / damals*** tatsächlich waren. In einer Serie von Studien amerikanischer Wissenschaftler wurde (3) ***schon früh / mittlerweile / heutzutage*** gezeigt, dass Menschen überschätzen, wie sehr sie sich bei ihrer Europareise, ihrem Drei-Wochen-Fahrradtrip durch Kalifornien oder beim Feiern des Erntedankfestes vergnügt haben. Die Forscher dokumentierten nämlich, dass die Probanden außer den positiven (4) ***dauernd / häufig / oft*** negative Emotionen hatten, weil sie abgelenkt, enttäuscht oder von Selbstzweifeln geplagt waren. (5) ***Nur wenige Tage danach / Seither / Später*** wurden diese unguten Gefühle jedoch vollends vergessen. Wenn wir aber (6) ***schließlich / zuletzt / kürzlich*** das Schlechte vergessen, das Gute hingegen in bester Erinnerung behalten, folgt daraus nahezu logisch die Sehnsucht nach der vermeintlich großartigen Vergangenheit.

②

Die erste Langschläferschule

In Alsdorf bei Aachen gibt es (1) ***nun / gerade / jetzt*** das erste Gleitzeit-Gymnasium. Dort darf man wählen, ob man lieber zur ersten oder zur zweiten Stunde kommen will. Der Grund dafür: Die innere Uhr von Jugendlichen tickt anders als die von Erwachsenen. Bei den meisten geht sie bis zum 20. Lebensjahr nach. Das heißt: Ihr seid (2) ***morgens / halbtags*** müde, aber (3) ***häufig /abends*** seid ihr wach. Die zweite Stunde startet gegen neun. Wenn sich die Aachener Schüler dazu entscheiden, erst (4) ***dann / später / neulich*** zu kommen, holen sie den Stoff in den eigentlichen Freistunden nach.

③ **Setzen Sie die Adverbien aus dem Kasten ein**

anschließend / bisweilen / danach / dann / einmal / endlich / gestern / irgendwann / jetzt / kürzlich / morgens / noch nie / schließlich / seitdem / selten / ständig (2x) / stets / übermorgen / zugleich

Warum wir lieber (1) **b** . . . . ins Theater gehen sollten, als im Kino zu hocken

Immer nur Kino? Ist doch langweilig, findet unsere Autorin. Sie hat sich (2) **k** . . . . in zwei Berliner Jugendtheatern Stücke angeschaut - und kann (3) **s** . . . . nicht genug davon bekommen.

Der Theatersaal ist abgedunkelt, auf der Bühne steht ein junger Mann und springt Seil. Kurz (4) **d** . . . . legt er das Seil weg und boxt gegen einen Spiegel. (5) **D** . . . . erzählt er: Von seiner Kindheit. Und von denen, die er erschossen hat. Er spricht davon, warum er das getan hat, und wie er sich jetzt fühlt. Er redet und redet. Das Publikum wartet darauf, dass etwas passiert, dass (6) **i** . . . . gezeigt wird, was der junge Mann erzählt. Aber der redet (7) **s** . . . .

(8) S . . . . ist das Stück vorbei. „Softgun", so der Name des Stücks, überzeugt nicht: Zu wenig Handlung, keine Spannung. Deutlich besser macht es „Eins auf die Fresse" im Grips-Theater, es nimmt mich mit, direkt (9) m . . . . auf den Schulhof: Die dreckige Schulmauer, die Stimmung der Schüler, wie sie sich (10) z . . . . anschauen und sich unterhalten. Sie sprechen die Sprache von Jugendlichen, nichts scheint gestellt, alles echt. Sowohl das Theater an der Parkaue, als auch das Grips-Theater machen Theater für Kinder und Jugendliche. Aber warum gehen wir trotzdem so (11) s . . . . ins Theater? Im Kino gibt es Popcorn, Cola und Chips. Hier laufen Filme, die wir schon kennen: Sie erzählen Geschichten aus Büchern, Hörbüchern, Comics oder Zeichentrickfilmen. Etwas Vertrautes ist uns lieber, als ein Theaterstück, von dem wir (12) n . . . . gehört haben. Also ab ins Kino. Im Theater bleibt keine Zeit für Popcorn und Cola. Im Theater gibt es nur Nüsschen. Aber es nimmt uns mit in eine andere Welt: Es gibt keine Grenze zwischen dem Publikum und dem Geschehen. Es findet hier und (13) j . . . . statt, nicht (14) g . . . . und auch nicht (15) ü . . . ., vor unseren Augen, live. Das Stück, die Schauspieler und die Kulisse fordern (16) s . . . . unsere Aufmerksamkeit. Da bleibt keine Zeit für Popcorn und Cola. „Die meisten Jugendlichen wissen gar nicht, was sie verpassen, wenn sie nicht ins Theater gehen", erzählt mir Volker Ludwig nach der Vorstellung. Ludwig ist der Gründer des Grips-Theaters. Das sehe ich genauso. Wenn ich einen Kinofilm sehe, bin ich (17) a . . . . müde und schlecht gelaunt. Aber das Theater belebt mich (18) s . . . ., ich kann nicht genug davon kriegen. Es ist an der Zeit, dass wir unsere Köpfe (19) e . . . . von den Smartphones abwenden, (20) e . . . . unsere bequemen Kinosessel verlassen und dahin gehen, wo echte Menschen große Geschichten erzählen. Auf ins Theater!

Erinnern Sie sich?

Übersicht 33: Adverbiale Bestimmungen – Adverbien des Ortes

Adverbien des Ortes

1)

- Adverbien wie die folgenden werden für die Bezeichnung eines Standortes verwendet
- sie geben Antwort auf die Frage ***„wo"***

eine Auswahl:

- *hier, da, dort, draußen, drinnen, drüben, oben, unten, innen, außen, vorn, hinten, links, rechts, überall, irgend wo, anderswo, nebenan, auswärts, andernorts*
- **Verneinung:** *nirgends, nirgendwo*

2)

- Adverbien wie die folgenden werden für die Bezeichnung der Bewegung oder Herkunft verwendet
- sie geben Antwort auf die Frage ***„wohin"*** *oder* ***„woher"***
- zu ihnen gehören auch die Richtungsadverbien ***„hin"*** und ***„her"***

eine Auswahl:

- *hierhin, dahin, dorthin, hierher, daher, dorther, geradeaus, hinein, hinaus, hinüber, herein, heraus, herüber, hinauf, hinunter, herauf, herunter, irgendwohin, irgendwoher, anderswohin, anderswoher, aufwärts, abwärts, seitwärts, vorwärts, rückwärts, heimwärts, bergabwärts, flussaufwärts, bergauf, bergab, nach oben, nach unten, nach rechts, nach links*
- **Verneinung:** *nirgendwohin, nirgendwoher*

Aufgabe 3 – Adverbien für die Bezeichnung des Standortes: Finden Sie die Gegensätze

1) irgendwo ≠ . . . . 2) hier ≠ . . . . 3) links ≠ . . . . 4) überall ≠ . . . .
5) innen, drinnen ≠ . . . . 6) unten ≠ . . . . 7) vorn ≠ . . . .

Aufgabe 4 – Adverbien für die Bezeichnung der Bewegung oder der Herkunft: Finden Sie die Gegensätze

1) hierhin ≠ . . . . 2) hinein ≠ . . . . 3) herauf ≠ . . . . 4) vorwärts ≠ . . . .
5) bergab ≠ . . . . 6) aufwärts ≠ . . . . 7) hinein ≠ . . . . 8) hinunter ≠ . . . .
9) heraus ≠ . . . . 10) anderswoher ≠ . . . .

Aufgabe 5 – Was passt?

① Streichen Sie das Adverb, das nicht passt

1) Kommt ein Besucher mit dem Zug nach Köln, befindet er sich unmittelbar im Kölner Stadtzentrum: *hier / überall* der geschäftige Hauptbahnhof und *unten / dort* das Wahrzeichen der Stadt, der Kölner Dom.

2) *Davor / Drinnen* fließt gemächlich der Rhein.

3) *Überall / Anderswo* gibt es Menschen, Touristen, die sich den mächtigen Dom anschauen, eilige Reisende, Besucher des Museums Ludwig, dass gleich *nebenan / darüber* liegt.

4) Der Bahnhof wurde am Fuße des Doms errichtet, zu der riesigen Kathedrale gelangt man über Treppen. Pausenlos gehen Menschen *vorwärts / hinauf* und *hinunter / rückwärts.*

5) Von der Domplatte aus kann sich der Besucher *bergab / hinunter* zum Rhein begeben, sich gemütlich in die Sonne setzen und die vielen Schiffe beobachten, die den Rhein flussabwärts und *–aufwärts / -vorwärts* fahren.

② Welches Adverb passt?

1) *Anderswo / Nirgendwo* ist es bestimmt schöner als zuhause, denken wir, wenn uns das Reisefiber packt.

2) *Dorthin / Hinaus* in die Natur, sagen die einen, *hinein / hierher* in die nächste Metropole, die anderen.

3) *Überall / Irgendwo* findet jeder Tourist den Ort, der ihm genug Abwechslung bietet, um vom Alltag abzuschalten.

4) Wir wollen am liebsten *hierhin / dorthin* fahren, wo alles anders, aber trotzdem nicht zu fremd ist, damit uns die Unsicherheit nicht die Urlaubslaune verdirbt.

5) Und schließlich freuen sich die meisten, wenn sie wieder *heimwärts / abwärts* fahren und denken gleichzeitig darüber nach, dass sie nächstes Jahr wieder *anderswoher / irgendwohin* reisen werden, möglichst an einen neuen Ort.

③ Setzen Sie die Adverbien aus dem Kasten ein

andernorts / dort (2x) / hier / hin und her / irgendwo / nach oben / nirgendwo / überall

Gesten aus aller Welt

Bedeuten Kopfschütteln und Nicken **(1)** .... auf der Welt das Gleiche? Von wegen! Gesten oder Handzeichen sind von Kultur zu Kultur verschieden.

Ein Kopfnicken wird in den meisten Ländern der Welt als ein bestätigendes "ja" verstanden. Nicht so in Indien, Pakistan und Bulgarien. **(2)** .... wiegt man den Kopf **(3)** ...., um "ja" zu sagen. In Äthiopien wirft man den Kopf sogar zurück, um eine Frage zu bejahen. Die gleiche Geste, das Zurückwerfen des Kopfes, bedeutet **(4)** .... anders aber genau das Gegenteil: In arabischen Ländern, in der Türkei, in Griechenland und in Süditalien sagt man auf diese Weise "nein". Und in Japan verneint man ein Angebot nicht durch ein Kopfschütteln. **(5)** .... wedelt man wie ein Scheibenwischer mit der Hand vor dem Gesicht.

Bei manchen Gesten muss man höllisch aufpassen. Was in einem Land als wohlwollendes Lob gemeint ist, kann **(6)** .... als schlimme Beleidigung aufgefasst werden. Der **(7)** .... gestreckte Daumen, der in Deutschland „eins", „prima" oder „toll" bedeutet, bedeutet in Australien und Nigeria dagegen eine sehr vulgäre Beschimpfung, mit der man jemanden loswerden möchte.

Passt also auf, welche Gesten und Handzeichen ihr verwendet, wenn ihr in einem anderen Land im Urlaub seid, damit ihr **(8)** .... aus Versehen missverstanden werdet. Und beobachtet doch einfach mal die Einheimischen, denn es gibt noch jede Menge andere lustige, phantasievolle und kulturell geprägte Gesten und Handzeichen, die wir **(9)** .... in Westeuropa nicht kennen.

Erinnern Sie sich?

Übersicht 34: Satzverbindungen mit Adverbien

Satzverbindungen mit Adverbien
1) kausal ▶ Diese Adverbien weisen auf einen **Grund bzw. allgemein auf ein kausales Verhältnis** hin, also auf Ursache und Folge ▶ sie geben Antwort auf die Frage warum, weshalb, weswegen, wieso ▶ zum Beispiel: *daher, darum, deshalb, deswegen, nämlich*
2) konditional ▶ Diese Adverbien weisen auf eine Bedingung bzw. ein **konditionales Verhältnis** hin, also auf Bedingung und Folge ▶ zum Beispiel: *andernfalls, notfalls, nötigenfalls, schlimmstenfalls, sonst, ansonsten, dann* ▶ **Verneinung:** *keinesfalls*
3) konzessiv ▶ Diese Adverbien weisen darauf, dass **etwas eingeräumt wird** ▶ zum Beispiel: *dennoch, dessen ungeachtet, gleichwohl, trotzdem*
4) final ▶ Diese Adverbien weisen auf ein **finales Verhältnis** hin, das heißt auf einen Zweck ▶ sie geben Antwort auf die Frage ***warum, wozu, wofür*** ▶ zum Beispiel: *dazu, darum, deshalb, deswegen, dafür*
5) konsekutiv ▶ Diese Adverbien weisen auf eine bestimmte Folge hin ▶ zum Beispiel: *also, folglich, infolgedessen, demnach, somit*

Aufgabe 6 – Wählen Sie aus der Tabelle die passenden Adverbien

1) Viele Eltern sind besorgt über das Gewicht der Schulbücher, die ihre Kinder jeden Morgen zur Schule tragen müssen, ... fordern sie verstärkt den Einsatz von digitalen Büchern.

2) .... werden digitale Lehrbücher in deutschen Schulen nur selten benutzt.

3) Die wenigsten Schulen verfügen zum Beispiel über ein eigenes WLAN-Netzwerk, über genügend Laptops für die Schüler oder über genügend Steckdosen in den Klassenzimmern. .... kann sich der Gebrauch der digitalen Ausgabe der Schulbücher nur schwer durchsetzen.

4) Pädagogen behaupten außerdem, dass die von den Verlagen angebotenen digitalen Ausgaben nicht den erhöhten pädagogischen Anforderungen an digitale Bücher entsprechen, es handele es sich .... meistens nur um die gewöhnliche Ausgabe im PDF-Format.

5) Fachleute möchten allerdings, dass die Schüler durch die Benutzung des digitalen Materials auch mehr lernen, ... überwögen die Nachteile die Vorteile der digitalen Bücher.

6) .... sei es nötig, dass digitale Ausgaben die Individualität und Leistung der einzelnen Schüler mehr berücksichtigen müssen.

7) .... haben sich auch die Fachleute noch nicht auf ein einheitliches Konzept für das digitale Lehrbuch einigen können.

8) Allen Beteiligten ist jedoch klar: .... kann ein Lehrer im Unterricht generell auf das Schulbuch, in welcher Form auch immer, verzichten, denn es ist der rote Faden, der die Lerneinheiten miteinander verbindet.

Aufgabe 7 – Wählen Sie das richtige Adverb

① **Streichen Sie das Adverb, das nicht passt**

Promotionjob, Studentenjob, Ferienjob bzw. Sommerjob: Du willst deine Ferien gezielt nutzen, (1) ***insofern / darum / deswegen*** willst du jobben und das am liebsten im Ausland? (2) ***Dazu / Demnach / Dafür*** musst du gewisse Voraussetzungen mitbringen, (3) ***notfalls / andernfalls / ansonsten*** kannst du die vielen Möglichkeiten, die es gibt, nicht nutzen. In Deutschland gelten (4) ***nämlich / folglich / grundsätzlich*** die Regelungen des Jugendarbeitsschutzgesetzes, welches unter anderem besagt, dass Kinder mindestens 13 Jahre alt sein und die Zustimmung der Eltern haben müssen, (5) ***erst dann / schlimmstenfalls*** können Sie beispielsweise Dienstleistungen für Private oder Unternehmen erbringen, wie zum Beispiel Babysitten und Zeitungsaustragen, um ihr Taschengeld aufzubessern. Erst Jugendliche ab 15 Jahren dürfen bei uns während der Schulferien arbeiten, dann aber auch nur maximal vier Wochen. Diese Regelungen gelten natürlich nur in Deutschland, (6) ***demnach / ansonsten*** hat jeder Staat im Ausland seine eigenen Gesetze und Regelungen bezüglich eines Ferienjobs. (7) ***Folglich / Somit / Notfalls*** solltest du dich rechtzeitig vorher entsprechend informieren, ob und was überhaupt in dem Land möglich ist, in dem du in den Ferien arbeiten möchtest, obwohl du noch nicht volljährig bist. (8) ***Schlimmstenfalls / Keinesfalls / Notfalls*** musst du bis zur Volljährigkeit warten, bis du einen Job in deinem Lieblingsland annehmen darfst.

② **Finden sie das passende Adverb. Zwei Wörter bleiben übrig**

daher / darum (2x) / dennoch / deshalb / dessen ungeachtet / deswegen / gleichwohl / infolgedessen /keinesfalls / nämlich / somit / trotzdem (2x)

Die Kindheit gibt es doch schon, seit es Kinder gibt, also schon immer, sollt man meinen. **(1)** .... ist der Begriff der Kindheit erst eine Erfindung des späten 19. Jahrhunderts. Aber kann etwas erfunden werden, was es schon immer gab?

Kinder wurden in der Zeit vor der Industrialisierung wie Erwachsene behandelt, **(2)** .... mussten sie auch wie die Erwachsenen arbeiten. **(3)** .... war die Kinderarbeit auch im 19. Jahrhundert ganz normal und erst gegen Ende des 19. Jahrhunderts dachte man darüber nach, sie einzuschränken und später ganz zu verbieten. **(4)** .... dauerte es in der Landwirtschaft noch länger, bis die Kinderarbeit verboten wurde. Und wenn man sich heute auf der Welt umschaut, ist es in vielen Ländern leider immer noch so, dass Kinder arbeiten müssen. Oft genug **(5)** ...., damit wir hier in Europa billig einkaufen können.

In Bauern- und Handwerkerfamilien waren Kinder einfach wichtige Arbeitskräfte, **(6)** .... mussten sie schon mit vier Jahren im Stall helfen oder Tiere hüten.

Erst mit dem Aufkommen der bürgerlichen Familie im 19. Jahrhundert konnte sich so etwas wie die Kindheit als Begriff entwickeln. Die bürgerlichen Familie trennte **(7)** .... Leben und Arbeiten. Meist ging der Mann außer Haus einer Arbeit nach, während die Frau den Haushalt versah. Sie übernahm auch die Erziehung der Kinder. **(8)** .... war es eine Neuerung, dass Kinder mit Bedacht erzogen wurden, denn vorher ging es in erster Linie darum, dass Kinder gehorchten. **(9)** .... standen ihr Wohlbefinden oder ihre persönliche Entwicklung im Vordergrund.

In der bürgerlichen Familie kümmerte man sich auch um die Ausbildung des Nachwuchses, **(10)** .... betraf dies in erster Linie die männlichen Nachkommen und hier vor allem den ersten männlichen Nachkommen, also den Erben der Familie. Die Zahl der Kinder wurde zudem immer weniger dem Zufall überlassen, **(11)** .... begann man - soweit das möglich war - Kinder zu planen. Die Eltern hatten Interesse an ihren Kindern, sie erzogen sie, sie überwachten und lenkten sie.
Doch das Verhältnis der Eltern zu ihren Kindern war **(12)** .... anders als heute, wo Vater und Mutter im besten Fall gemeinsam die Kinder erziehen und ihnen vor allem Liebe und Zuneigung entgegen bringen. Im 19. Jahrhundert waren Gefühle eine „Sache der Frauen". Die Beziehung der Väter zu ihren Söhnen war in erster Linie von Autorität geprägt, **(13)** .... zeigten Väter nur selten ihre Zuneigung zu ihren Kindern, vor allem zu ihren Söhnen. **(14)** .... prägten vor allem Respekt und Furcht das Verhältnis der Kinder zu ihren Vätern.

Erinnern Sie sich?

Übersicht 35: Adverbiale Bestimmungen – Adverbien der Art und Weise

Adverbien der Art und Weise (einschließlich Fokuspartikeln)
1) Art und Weise ▶ Diese Adverbien weisen darauf hin, **wie etwas geschieht** ▶ sie geben Antwort auf die Frage **wie** ▶ zum Beispiel: *anders, gern, so, folgendermaßen, vergebens, derart, genauso, irgendwie, allein, zusammen, wieder* ▶ hierzu gehören auch adverbial verwendete Adjektive wie ***schnell fahren, laut singen, wirksam bekämpfen, gemeinsam arbeiten etc.*** ▶ **Verneinung:** *nicht*
2) Quantität und Intensität: ▶ Diese Adverbien weisen auf die Quantität (Menge) oder auf die Intensität hin: ▶ zum Beispiel: *einigermaßen, größtenteils, sehr, kaum, hauptsächlich, überaus, äußerst, viel, ungefähr, circa, besonders, unbedingt, vollkommen, total, absolut, meistens, knapp, dringend*
3) Erweiterung: ▶ Diese Adverbien weisen auf eine Erweiterung hin, das heißt darauf, dass etwas zusätzlich geschieht, angeführt wird etc. ▶ zum Beispiel: *auch, außerdem, ferner, ebenfalls, sonst, zudem, erstens, zweitens, drittens, überdies*
4) Einschränkung ▶ Diese Adverbien weisen darauf hin, dass etwas weniger Bedeutung besitzt als zuvor angeführt ▶ zum Beispiel: *allerdings, doch, hingegen, immerhin, jedoch, nur, wenigstens, zumindest*

Aufgabe 8 – Was passt nicht? Streichen Sie in jedem Satz ein Adverb

1) In Deutschland verfallen ***sehr / überaus / größtenteils*** viele Schulen, weil die Bundesländer nicht genügend Geld für Reparaturen und Renovierungen zur Verfügung stellen.

2) Die Kinder lernen oft in Klassenzimmern, die für den Unterricht ***äußerst / kaum / nur einigermaßen*** geeignet sind, weil es hineinregnet, stark zieht oder sogar die Heizung nicht richtig funktioniert.

3) Schulleiter bemühen sich ***gern / vergebens*** darum, Gelder für Ihre Schulen zu bekommen, denn die Kassen der Städte und Bundesländer sind leer.

4) Oft liegt es an der Eigeninitiative von Eltern, Schülern und Lehrern, die ***wenigstens / allein / zusammen*** die Klassenräume renovieren oder durch Schulprojekte Geld für die Verschönerung der Schule sammeln.

5) Solche Eigeninitiativen sind sicher löblich, ***allerdings / immerhin / doch*** stiehlt sich der Staat auch immer mehr aus seiner Verantwortung.

6) ***Außerdem / Sonst / Zudem*** muss man sich fragen, ob bei diesen Aktionen immer alle Umweltauflagen und Sicherheitsvorschriften beachtet werden.

7) ***Ferner / Allerdings / Überdies*** bedeuten geeignete Schulräume und eine gepflegte Schule natürlich auch eine Investition in die Zukunft, denn effektives Lernen wird durch eine angenehme Atmosphäre wirksam unterstützt.

8) ***Zumindest / Wenigstens / Nur*** diese Aspekte sollten die verantwortlichen Träger berücksichtigen, wenn ein Schulleiter oder eine Schulleiterin wieder einmal die notwendigen finanziellen Mittel für dringende Renovierungsarbeiten beantragt.

Aufgabe 9: Ergänzen Sie die fehlenden Adverbien

In der Stadt werden immer mehr Bienen gehalten	
„Es gibt <u>(0)</u> einen besseren Ort als die Stadt, um Bienen zu halten", meint Maria Klein. <u>(1)</u> hat sie sich einer internationalen Bewegung angeschlossen, denn <u>(2)</u> in den Metropolen boomt die Stadt-Imkerei, ob in New York, Paris oder Berlin. Weil auf dem Land die Monokulturen vorherrschen, zieht es die Bienen <u>(3)</u>, wo es ein großes Angebot an Futter gibt. Ihren Nektar holen sich die Bienen <u>(4)</u> in der Stadt auf Balkonen, in begrünten Innenhöfen, von benachbarten Schrebergärten oder aus dem nahegelegenen Stadtpark. Irgendwas blüht <u>(5)</u> in der Stadt und weil das Blütenangebot <u>(6)</u> vielfältiger ist und der Pestizid-Einsatz gering, sind Stadtbienen <u>(7)</u> gesünder als ihre Schwestern auf dem Land. Das macht sie <u>(8)</u> widerstandsfähiger gegen die aus Asien eingeschleppte Varroa-Milbe, ihren größten Feind, die seit <u>(9)</u> 30 Jahren die Bienen Europas gefährdet, die oft nicht einmal den Winter überleben. <u>(10)</u> dann, wenn es wieder mehr Imker gibt, die bei den Bienen für Nachwuchs sorgen, können diese für den Menschen überlebenswichtigen sympathischen Insekten geschützt werden.	(0) *kaum* (1) De____ (2) üb____ (3) da____ (4) hi____ (5) im____ (6) do____ (7) vi____ (8) au____ (9) un____ (10) nu____

Aufgabe 10 – Ergänzen Sie die Lücken mit passenden Adverbien. Oft gibt es mehrere Lösungen

Haustiere: Lebensfreude und Gesundheit für ältere Menschen	
Ob treuer Hund, verschmuste Katze oder farbenfroher Wellensittich – tierische Freunde wirken <u>(0)</u> nicht nur positiv aufs Gemüt, sondern - <u>(1)</u> im Alter - auch auf die Gesundheit. Es gibt gute Gründe, sich im Alter für ein Haustier zu entscheiden, denn Haustiere vermitteln ihren Besitzern erstens das Gefühl geliebt und gebraucht zu werden und helfen <u>(2)</u>, gesund zu bleiben. Senioren, die sich regelmäßig um ein Tier kümmern müssen, sind aktiver, leiden nicht so <u>(3)</u> unter Depressionen, Schlafproblemen und hohem Blutdruck und haben mehr soziale Kontakte. Sich um jemanden zu kümmern, macht <u>(4)</u> glücklich und gerade im Alter vermissen viele Menschen das Gefühl gebraucht zu werden. Tiere wie Hunde und Katzen, die den Kontakt zum Menschen suchen und gestreichelt werden wollen, tun dem Gemüt <u>(5)</u> besonders gut, weil beim Streicheln im menschlichen Gehirn das Bindungshormon Oxytocin ausgeschüttet wird. In jedem vierten Haushalt mit Tier sind Herrchen und Frauchen <u>(6)</u> schon älter als 60 Jahre. Am beliebtesten sind Katzen, gefolgt von Hunden und Vögeln, wobei Hunde besonders gut als Kontaktvermittler wirken. Wer ein oder <u>(7)</u> am Tag mit seinem vierbeinigen Freund spazieren geht, kommt <u>(8)</u> leichter ins Gespräch und wird häufiger gegrüßt als ohne Hund. <u>(9)</u> geben Tiere dem Leben einen Rhythmus und helfen den Menschen ihren Alltag zu strukturieren. Älteren Menschen, die dazu neigen, sich zurückzuziehen, können Haustiere <u>(10)</u> ansatzweise dabei helfen, den Kreislauf aus sozialem Rückzug, Sinnverlust und Passivität zu durchbrechen.	(0) *meistens* (1) ____ (2) ____ (3) ____ (4) ____ (5) ____ (6) ____ (7) ____ (8) ____ (9) ____ (10) ____

Aufgabe 11 – Ergänzen Sie die fehlenden Adverbien

Sportverletzungen vermeiden

Fehleinschätzungen des eigenen Könnens verursachen *(o)* Unfälle beim	(0) *oft*
Sport. **(1)** bei Ballsportarten und Alpin-Ski ist das Verletzungsrisiko hoch.	(1) Be
Von der Zerrung bis zum komplizierten Knochenbruch – **(2)** verletzen sich	(2) du
bis zu zwei Millionen Menschen jährlich in Deutschland beim Sport, aber **(3)** rund fünf Prozent der Breitensportler verletzen sich pro Jahr so schwer, dass	(3) nu
sie **(4)** den Arzt aufsuchen müssen.	(4) au
Dabei sind Unfälle beim Sport und beim Training **(5)** vermeidbar, wenn man	(5) da
sich **(6)** richtig vorbereitet.	(6) nu
(7) sollten Winterurlauber **(8)** drei bis vier Monate, bevor es auf die Piste	(7) vo
geht, Muskeln und Schnelligkeit trainieren. Ein Tennisspieler sollte **(9)** mit	(8) sch
Trainerstunden beginnen, bevor er sich ein Match auf dem Tennisplatz liefert. Und auch Jogging-Anfänger sollten nicht übertreiben. Ist man eine Strecke	(9) er
gelaufen und fühlt sich **(10)** leicht unterfordert, dann hat man genau die	(10) an
richtige Dosis gewählt, um Entzündungen und Gelenkschmerzen **(11)** vorzubeugen.Die meisten Verletzungen passieren bei den beliebtesten Sportarten. Fußball zum Beispiel ist eine sehr dynamische Sportart, man	(11) wi
hat Körperkontakt und rutscht aus,**(12)** erleiden 25 Prozent aller Fußballer eine Verletzung pro Jahr. Daher lautet die Grundregel: Wenig Körperkontakt bedeutet eine geringe Verletzungsgefahr. Beim Joggen beispielsweise kann	(12) de
man die Aktivität selber steuern, ohne Einfluss von außen, **(13)** gibt es auch beim Laufen ganz typische Verletzungen vor allem an den Knie- und	(13) do
Fußgelenken. Dass das Skifahren die gefährlichste aller Breitensportarten ist,	(14) ha
liegt **(14)** an der hohen Dynamik und Geschwindigkeit dieser Sportart sowie	(15) of
an der Tatsache, dass viele Ski-Urlauber **(15)** unvorbereitet die überfülten	(16) hi
Pisten **(16)** rasen.Heute müssen sich **(17)** nur noch wenige verletzte	(17) ab
Sportler operieren lassen, da die Ärzte **(18)** andere Behandlungsmethod-	(18) me
en vorziehen. **(19)** trotz der Risiken ist Sport zu treiben immer noch viel	(19) Do
besser, als sich **(20)** nicht zu bewegen.	(20) üb

Aufgabe 12: Fehlerkorrektur

Sehr geehrte Damen und Herren	
die Elterninitiative des Kant-Gymnasiums möchte *außerdem* dieses Jahr wie-	(0) *auch*
der ihren Beitrag zur Verschönerung unserer Schule leisten. Trotzdem wurde	(1) ________
bei unserer letzten Versammlung zweistimmig beschlossen, den Kauf von bequemen Sitzgelegenheiten für den Eingangsbereich der Schule finanziell zu	(2) ________
unterstützen, der sowieso gern modernisiert werden muss. Aus diesem Grund	(3) ________
wenden wir uns heutzutage an die Stadtverwaltung, damit Sie uns mit den	(4) ________
nötigen Kenntnissen weiterhelfen können. Es geht uns zumindest darum, die	(5) ________
richtigen Möbel auszuwählen, die wir außen im Eingangsbereich der Schule	(6) ________
vor der Bibliothek aufstellen möchten, damit die Schüler bei Freistunden nie das Gebäude verlassen und auf dem Schulhof warten müssen. Eine Rolle	(7) ________
spielt auch, ob die Möbel in einem begrenzten Bereich hinten- oder	(8) ________
vornegerückt werden können, ohne den Schulbetrieb zu behindern.Wir wären	(9) ________
Ihnen dankbar, wenn sie uns möglichst irgendwann antworten könnten, damit wir die Möbel noch in diesem Schuljahr erwerben können.	(10) ________
Mit freundlichen Grüßen Kati Fischer	

Erinnern Sie sich?

Übersicht 36: Temporale Präpositionen 1

(A) temporale Präpositionen, die auf eine Zeitdauer hinweisen
⇨ **für (+ Akk):** gibt eine Zeitdauer an Beispiel: *Wir fahren für fünf Wochen nach Brasilien.* | *Tag für Tag*
⇨ **über (+Akk):** gibt eine Zeitspanne gewöhnlich im Zusammenhang mit Feiertagen, dem Wochenende oder bestimmten Tageszeiten an Beispiel: *über Ostern, über Weihnachten, über die Feiertage, über viele Jahre hinweg, die ganze Nacht über (nachgestellt)*
⇨ **bei (+Dativ):** weist auf zwei gleichzeitig ablaufende Handlungen hin Beispiel: *Beim gemeinsamen Lernen tauschen die Schüler ihre Erfahrungen aus.*
⇨ **bis (zu + Dativ):** weist auf eine Zeitspanne hin, die vom Sprecher aus gesehen in der Zukunft liegt bzw. lag. ACHTUNG: „zu“ nur, wenn ein Nomen mit Artikel folgt! Beispiel: *bis morgen* | *bis zum Morgengrauen*
⇨ **seit (+ Dativ):** weist auf eine Zeitspanne hin, die von einem Zeitpunkt in der Vergangenheit beginnt und bis heute andauert Beispiel: *seit Monaten* | *seit eh und je*
⇨ **von … bis (zu) (+ Dativ):** weist auf eine Zeitspanne hin, die an einem bestimmten Zeitpunkt beginnt und bis zu einem bestimmten Zeitpunkt andauert Beispiel: *von montags bis freitags* | *vom Frühling bis zum späten Herbst*
⇨ **außerhalb (+ Genitiv) bzw. innerhalb (+ Genitiv oder mit von + Dativ):** weist auf eine Zeitspanne zwischen bzw. vor und nach einem Zeitpunkt hin Beispiel: *außerhalb der Hauptsaison* | *innerhalb kürzester Zeit* | *innerhalb von nur drei Monaten*
⇨ **während (+ Genitiv):** weist auf eine Zeitspanne hin, in deren Verlauf etwas geschieht Beispiel: *während ihres Studiums*
⇨ **zu (+ Dativ):** weist in einigen festen Ausdrücken auf eine Zeitdauer hin: Beispiel: *zu Lebzeiten Immanuel Kants* | *zu meiner Zeit*
⇨ **auf (+ Akkusativ):** weist in bestimmten Wendungen auf eine Zeitdauer hin: Beispiel: *In der Nacht von Montag auf Dienstag* | *von einem Tag auf den anderen*

Aufgabe 13 – Setzen Sie die passenden Präpositionen aus Übersicht 36 ein

........./......... der Öffnungszeiten | ...... 8.00 Uhr ...... 16.00 Uhr | geschlossen ...... einschließlich 15. August | ...... drei Tage | ...... morgens ...... abends | ...... heute Abend! | ...... gegebener Zeit | ...... Tanzen | ...... der Rede (gleichzeitig) | ...... Kurzem | ...... Nacht | ...... der Nacht ...... Samstag ...... Sonntag | ...... der Semesterferien | .... fünf Stunden (Dauer) | ...... einem Tag ...... den anderen | die ganze Nacht ...... | Tag ...... Tag | ...... 2008 ...... 2017 | ...... Omas Lebzeiten | ...... den Anfängen der Neuzeit | ...... das Wochenende | .... drei Monaten | ...... über 30 Jahren | ...... einen ganzen Sommer | ...... ihrer Zeit | ...... immer |...... Jahren

Erinnern Sie sich?

Übersicht 37: Temporale Präpositionen 2

(B) temporale Präpositionen, die auf einen Zeitpunkt hinweisen
⇨ **um + Akkusativ:** gibt einen genauen Zeitpunkt (Uhrzeit) oder einen ungefähren Zeitpunkt an Beispiel: *um sieben Uhr* | *um die Mittagszeit* | *um die Weihnachtszeit herum*
⇨ **an + Dativ:** vor allem in Verbindung mit einem Tag oder einer Tageszeit Beispiel: *am Montag* | *am Wochenende* | *an Pfingsten* | *am Nachmittag* | ***aber***: *in der Nacht* | *am Monatsende* | *am Jahresende*
⇨ **in + Dativ:** weist auf ein Ereignis o.ä. innerhalb eines Zeitraums oder in Verbindung mit Monaten hin Beispiel: *Im vergangenen Sommer waren wir auf Malta.* | *In drei Minuten kommt der Zug.* | *im nächsten Mai* ***ABER AUCH:*** *nächsten Mai*
⇨ **aus + Dativ:** weist auf die zeitliche Herkunft hin Beispiel: *aus dem 17. Jahrhundert* | *aus dem Jahr 2017* | *aus der Renaissance*
⇨ **nach + Dativ:** weist darauf hin, was nach einem Ereignis, Zeitpunkt o.ä. passiert Beispiel: *nach dem Baden* | *nach der Revolution*
⇨ **vor + Dativ:** weist darauf hin, was vor einem Ereignis, Zeitpunkt o.ä. passiert Beispiel: *vor zehn Jahren* | *fünf vor zwölf* | *600 vor Christus*
⇨ **bei + Dativ:** weist darauf hin, dass zwei Dinge gleichzeitig passieren Beispiel: *beim Essen* | *bei Tagesanbruch*
⇨ **gegen + Akkusativ:** gibt einen nicht genau bestimmten Zeitpunkt an Beispiel: *gegen 15.00 Uhr* | *gegen Abend* | *gegen Ende des Mittelalters*
⇨ **zu (+ Dativ):** weist in den folgenden Wendungen auf einen Zeitpunkt hin: Beispiel: *zu Beginn (Anfang) des Jahres* | *zu Weihnachten (statt an Weihnachten)* | *zu gegebener Zeit*
⇨ **von ... an:** weist auf den Zeitpunkt hin, an dem etwas beginnt: Beispiel: *von morgen an* | *von Kindheit an*
⇨ **ab (+ Dativ):** weist auf einen zukünftigen Zeitpunkt hin Beispiel: *ab Montag* | *ab Mittag*
⇨ **zwischen (+ Dativ):** weist auf einen Zeitpunkt hin, der zwischen zwei bestimmten Zeitpunkten liegt Beispiel: *zwischen Juli und September* | *zwischen 13.00 Uhr und 15.00 Uhr*

Aufgabe 14 – Setzen Sie die passenden Präpositionen aus Übersicht 37 ein!

...... 15. Mai | ...... dem 17. Jahrhundert (Herkunft) | ...... 17. Jahrhundert | ...... Freitagmorgen | ...... 13.00 Uhr | ...... eins | ...... Tag der Arbeit | ...... Ostern | ...... 1. Mai | ...... nun ...... | ...... einer Woche (vergangen) | ...... nächstem Monat | ...... der Steinzeit | ...... Weihnachten und Ostern | ...... Paläolithikum | ...... dem Paläolithikum | ...... vielen Jahren (vergangen) | ....../...... einigen Jahren | ...... der Zukunft | ....../...... Monatsende | ...... Ende des Sommers (ungefähr) | ...... Ende des Krieges | ...... fünf Uhr (ungefähr) | ...... 2017 | ...... Urlaub | ...... dem neuen Semester | ...... 9.00 Uhr und 12.00 Uhr | ...... Wochenbeginn | ...... Jahr 2017 | ...... den Ferien | ...... Sommer und Winter | ...... der nächsten Saison.

Aufgabe 15 – Setzen Sie die geeigneten Präpositionen aus den Übersichten 36 und 37 ein

1) Die Paulskirche in Frankfurt gilt ..... langem als „Wiege der Deutschen Demokratie", als das nationale Symbol für Freiheit und Demokratie in Deutschland schlechthin.

2) ..... 18. Mai 1848 trat die erste frei gewählte Nationalversammlung in der Frankfurter Paulskirche zusammen.

3) ..... den folgenden Monaten wurde hier an einer Verfassung für ein einheitliches Deutschland gearbeitet, die allerdings später an den Widerständen von Preußen und Österreich scheiterte.

4) Die darauf folgenden Aufstände zur Durchsetzung der Verfassung wurden niedergeschlagen und das Parlament schließlich ..... 30. Mai 1849 mit Waffengewalt aufgelöst.

5) ..... 1852 ..... zu ihrer Zerstörung 1944 fanden in der Paulskirche wieder Gottesdienste statt.

6) ..... 18. März 1944 brannte die Paulskirche ..... einem Bombenangriff völlig aus und wurde ..... dem Krieg als erstes historisches Gebäude Frankfurts wiederaufgebaut.

7) ..... hundertsten Gedenktag der Nationalversammlung wurde sie ..... 18. Mai 1948 als Haus aller Deutschen feierlich wiedereröffnet.

8) Die Festansprache hielt Fritz von Unruh, der ..... seiner „Rede an die Deutschen" eine kritische Analyse der NS-Zeit präsentierte.

9) ..... 28. August 1948 bekam Fritz von Unruh in der Paulskirche den Goethepreis der Stadt Frankfurt überreicht.

10) ..... 1949 wird der Goethepreis alle drei Jahre in der Paulskirche verliehen.

11) ..... 1948 ist die Paulskirche somit keine Kirche mehr, sondern wird hauptsächlich für Ausstellungen und staatliche oder städtische Veranstaltungen genutzt.

12) Am bekanntesten ist die Verleihung des „Friedenspreises des Deutschen Buchhandels", der anlässlich der Frankfurter Buchmessen jedes Jahr ..... Herbst vergeben wird.

13) ..... den ersten beiden Buchmessen, die 1949 und 1950 noch in der Paulskirche abgehalten wurden, wurde sie auf das Messegelände verlegt.

14) ..... 25. Juni 1963 besuchte der US-Präsident John F. Kennedy Frankfurt und sprach dabei auch in der Paulskirche.

15) ..... der 1200-Jahrfeier der Stadt Frankfurt 1994 spannte der französische Artist Philippe Petit ein 300 Meter langes Seil zwischen Paulskirche und Dom und vollführte darauf einen dreißigminütigen Hochseillauf.

16) ..... seinem Drahtseilakt in 60 bis 70 Metern Höhe stellte er wichtige Ereignisse aus der Frankfurter Geschichte mimisch dar.

17) ..... Jahr 1998 stand die Paulskirche zum 150. Geburtstag der Deutschen Demokratie wieder im Blickpunkt der Öffentlichkeit.

Aufgabe 16 – Setzen Sie die passenden Präpositionen ein, eine bleibt jeweils übrig

Die Weimarer Republik

(A)

ab/ an / nach / von / während

(1) . . . . . . der Niederlage Deutschlands und mit der Novemberrevolution 1918 wurde in Deutschland die konstitutionelle Monarchie durch die parlamentarische Demokratie abgelöst. (2) . . . . ihrer gesamten Existenz war die Weimarer Republik, benannt nach dem Ort der Verabschiedung ihrer Verfassung, ständigen inneren und äußeren Belastungen ausgesetzt: (3) . . . . . . Beginn (4) . . . . . . mussten sich die Befürworter der Republik im und außerhalb des Parlaments dem Druck radikaler Kräfte von Links und Rechts erwehren.

(B)

bis (4x) / für / seit / von (2x) / während / zu

Der (1) . . . . . . vier Jahre zu wählende Reichstag war das zentrale Verfassungsorgan der gesetzgebenden Gewalt in der Weimarer Republik. Schon (2) . . . . . . Beginn der Republik wurde das bestehende Mehrheitswahlrecht durch ein Verhältniswahlrecht abgelöst und erstmals das aktive und passive Wahlrecht für Frauen eingeführt. Das Parteiensystem der Weimarer Republik wies trotz einiger Neugründungen eine beachtliche Kontinuität zum Kaiserreich auf. Die in der Arbeiterschaft verankerte Sozialdemokratische Partei Deutschland (SPD) war (3) . . . . . . 1919 (4) . . . . . . 1932 stärkste politische Kraft. Sie stellte mehrere Reichskanzler und mit Friedrich Ebert (5) . . . . . . 1919 (6). . . . . . 1925 den ersten Reichspräsidenten. Allerdings befand sie sich häufig in der Opposition. Die Zentrumspartei (Zentrum) verstand sich als politische Interessenvertreterin der katholischen Bevölkerung. Sie stellte die Mehrzahl der Reichskanzler und war (7). . . . . . 1932 an allen Reichsregierungen beteiligt. Die linksliberale bürgerliche Deutsche Demokratische Partei (DDP) - (8). . . . . . 1930 Deutsche Staatspartei (DStP) - nahm großen Einfluss auf die Gestaltung der Weimarer Verfassung und war (9) . . . . . . 1932 ebenfalls in den meisten Regierungen vertreten.

(C)

an / bei / gegen / im (2x) / in / von

SPD, Zentrum und DDP waren Verfassungsparteien der Weimarer Republik, die (1) . . . . . . dieser Zeit ohne Vorbehalte zur Demokratie standen.. Erreichten sie zusammen bei den Wahlen zur Nationalversammlung (2) . . . . . . Januar 1919 noch ca. 70 Prozent der Stimmen, so verloren sie schon (3) . . . . . . der ersten Reichstagswahl (4) . . . . . . Juni 1920 für immer ihre parlamentarische Mehrheit. Mit Ausnahme mehrerer Großer Koalitionen regierten (5) . . . . . . nun (6). . . . . . in der Regel vom Parlament tolerierte bürgerliche Minderheitsregierungen, die sich durch Instabilität und kurze Dauer auszeichneten.

(D)

an / seit / von / während / zu (2x)

Zu den entschiedenen Gegnern der Republik gehörte die Deutsch-Nationale Volkspartei (DNVP), die als Repräsentantin des konservativ-monarchistischen Lagers das demokratische System (1) . . . . . . Anfang (2) . . . . . . bekämpfte. Das Gleiche galt für die Kommunistische Partei Deutschlands (KPD). Sie strebte die Errichtung einer sozialistischen Rätediktatur nach sowjetischem Vorbild an. Der völkisch-rassistischen und antisemitischen Nationalsozialistischen Deutschen Arbeiterpartei (NSDAP) gelang (3) . . . . . . Beginn der 1930er Jahre, begünstigt durch die Verunsicherung und soziale Verelendung großer Bevölkerungskreise (4) . . . . der Weltwirtschaftkrise, der Aufstieg zur stärksten politischen Kraft im Parlament (1932); gleichwohl konnte sie (5) . . . . . . keinem Zeitpunkt eine parlamentarische Mehrheit erringen.

(E)

am / für / nach / seit

(1) . . . . . . dem Bruch der letzten Großen Koalition im Sommer 1930 wurden die Reichsregierungen nicht mehr auf parlamentarischem Wege, sondern mit Hilfe so genannter Präsidialkabinette gebildet. Ohne eigene parlamentarische Mehrheit regierten sie im Wesentlichen mit Hilfe des dem Reichspräsidenten aufgrund des Artikels 48 der Weimarer Reichsverfassung zugestandenen Notverordnungsrechts und läuteten damit einen schleichenden Verfassungswandel zu Lasten des Parlaments ein. Reichspräsident Paul von Hindenburg, (2) . . . . . . 1925 im Amt, ernannte im Rahmen eines weiteren Präsidialkabinetts Adolf Hitler (3) . . . . . . 30. Januar 1933 zum Reichskanzler einer Regierung aus NSDAP und DNVP. Mit dieser Entscheidung versetzte er der schwer erschütterten parlamentarischen Demokratie von Weimar den endgültigen Todesstoß.

Erinnern Sie sich?

Übersicht 38: Kausale, konzessive und finale Präpositionen

Kausale, konzessive und finale Präpositionen

1) kausal: diese Päpositionen weisen auf einen **Grund bzw. Ursache** hin

(A) allgemeiner Hinweis auf eine Ursache bzw. einen Grund

- **wegen (+ Genitiv):** *wegen* kann voran- oder nachgestellt werden
  Beispiele: *Wegen ihrer Liebe zur Natur* | *Ihrer Liebe zur Natur wegen*
- **aufgrund (+ Genitiv), angesichts (+ Genitiv):** vor allem in der Schriftsprache, *aufgrund* und *angesichts* können nie in Verbindung mit Personen benutzt werden
  Beispiele: *aufgrund des heftigen Gewitters* | *angesichts der anhaltenden Trockenheit*
- ☠ **ABER NICHT:** ~~Aufgrund seiner Freundin begann er Tennis zu spielen~~.

(B) spezielle kausale Bedeutung

- **anlässlich (+ Genitiv):** wenn der Grund ein offizielles Ereignis ist
  Beispiel: *anlässlich des 50. Firmenjubiläums*
- **mangels (+ Genitiv):** aus Mangel an, weil etwas fehlt
  Beispiel: *mangels ausreichender Spenden*
- **dank (+ Genitiv):** steht nicht mit Substantiven mit Negationswort, man ist dem Grund „dankbar"
  Beispiel: *Dank der großzügigen Spende*
- ☠ **ABER NICHT:** ~~Dank keiner Spenden~~.
- **infolge (+ Genitiv):** betont, dass der Grund für ein Handeln die Folge eines bestimmten Ereignisses ist
  Beispiele: *: infolge der heftigen Regenfälle* | *infolge der hohen Kindersterblichkeit*

(C) Ursachen bzw. Gründe, die mit menschlichen Verhaltensweisen zu tun haben

- **aus (+ Dativ):** in der Regel ohne Artikel, Grund ist eine bewusst wahrgenommener, vor allem geistiger oder psychischer Zustand
  Beispiele: *aus Überzeugung, aus Angst vor Konsequenzen*
- **vor (+ Dativ):** in der Regel ohne Artikel, Grund ist eine unkontrollierte körperliche oder psychische Reaktion
  Beispiele: *vor Hitze* | *vor Schmerz* | *vor Aufregung*
- **auf (+ Akkusativ):** oft ohne Artikel, optional wird „hin" nachgestellt, Grund für die Handlung ist eine vorangehende Ermunterung oder Weitergabe von Informationen durch einen Dritten
  Beispiele: *auf den Rat ihrer Freundin hin* | *auf Empfehlung des Jobberaters*

2) konzessiv: diese Präpositionen weisen auf einen **Gegengrund** hin bzw. darauf, dass etwas eingeräumt wird

- **trotz + Genitiv, ungeachtet + Genitiv:**
  Beispiele: *trotz / ungeachtet des schlechten Wetters*

3) final: diese Präpositionen weisen auf einen **Zweck** hin

- **vor allem: zu (+ Dativ), selten: für (+ Akkusativ)**
  Beispiele: *zum Studium, zur besseren Verständigung* | *ein Treffpunkt für Jung und Alt*

Aufgabe 17 – Setzen Sie die passenden kausalen Präpositionen ein (ohne wegen und aufgrund!)

...... des Erdbebens | ...... des schnellen Eingreifens der Polizei | ...... Qualifikationen (-) | ...... des 150. Todestages | ...... die Empfehlung des Arztes (hin) | ...... Furcht vor Strafe | ...... Schreck | ...... des Engagements der Helfer | ...... Mangel an praktischen Erfahrungen | ...... der Ausstellungseröffnung | ...... Enttäuschung über die Absage | ...... Bescheidenheit | ...... guter Qualifikationen | ...... diesem Grund | ...... ausreichender Zukunftsperspektiven (-) | ...... des breiten Spektrums an beruflichen Möglichkeiten | ...... einen Tipp hin | ...... des Abbaus von Arbeitsplätzen.

Aufgabe 18 – Setzen Sie die passenden finalen und konzessiven Präpositionen ein

. . . . . . die Studenten | . . . . . . erheblichen Widerstands | . . . . . . einer Überprüfung der Ergebnisse | . . . . . . Starten der Maschine | . . . . . . Bewältigung des Problems | . . . . . . des geplanten Events | . . . . . . die Renovierung der Häuser | . . . . . . ihres fortgeschrittenen Alters | . . . . . . Zweck einer besseren Kundenbetreuung | . . . . . . des Stromausfalls | . . . . . . Verringerung des Gewichts | . . . . . . gerechtere Gehälter | . . . . . . der ungünstigen Verhältnisse.

Aufgabe 19 – Setzen Sie in den folgenden Text die passenden Präpositionen aus Übersicht 37 und 38 ein

aufgrund / im / infolge / nach / vor / während

(A)
Das Naturdenkmal Felsenmeer liegt an den Hängen des Felsbergs im Lautertal (Odenwald) und ist das Produkt von geologischen Prozessen, die **(1)** . . . . . . etwa 340 Millionen Jahren begannen. Damals drifteten zwei Kontinente aufeinander zu und kollidierten im Gebiet des heutigen Odenwaldes. **(2)** . . . . . . dieser Kollision bildete sich an dieser „Nahtstelle" ein riesiges Gebirge, in großer Tiefe schmolz das Gestein und stieg als flüssiges Magma auf. Es erkaltete **(3)** . . . . . . etwa 330 Millionen Jahren im „Kern" der aufgestapelten Berge zu einem dem Granit ähnlichen Gestein, dem Melaquarzdiorit. **(4)** . . . . . . der Abtragung der Oberfläche **(5)** . . . . . . Laufe der folgenden Jahrmillionen wurden die darunter liegenden Felspartien freigelegt. **(6)**. . . . . . der Abkühlung des glutflüssigen Gesteins bildeten sich Risse (Klüfte), die „den Berg" in viele große Blöcke zerteilten.

in / infolge / mit / während / wegen

(B)
(1) . . . . . . des Zerfalls des Gesteins gibt es heute die runden Blöcke, „Wollsäcke" genannt, umgeben von dem wie Kies wirkenden, zersetzten Gesteinsschutt, dem Grus. **(2)** . . . . . . der letzten Eiszeit (vor 117.000 bis etwa 11.700 Jahren) war das Klima dieser Region vergleichbar mit dem des heutigen Sibirien. **(3)** . . . . . . der abwechselnd warmen und sehr kalten Perioden bewegte sich der Boden und „floss" bergabwärts. **(4)** . . . . . . wärmeren Zeiten wurde der Schutt zwischen den festen Steinen ausgewaschen und viele Felsbrocken wurden bergab transportiert. **(5)** . . . . . . der Zeit wurden so die „Blockhalden" oder „Felsenmeere" gebildet.

(C) Eine Präposition passt nicht!
Die Steinbearbeitung im Felsenmeer **(1)** *im / während* Verlauf der römischen Periode dauerte etwa 200 Jahre. Mehr als 300 von den römischen Steinmetzen bearbeitete Blöcke sind im Wald des Felsberges noch zu finden. Sie wurden zurückgelassen, weil sie durch natürliche Risse schon **(2)** *während / bei / nach* der Bearbeitung beschädigt und unbrauchbar wurden. Die so genannte Riesensäule wurde von römischen Steinmetzen **(3)** *seit dem / im* 4. Jahrhundert n. Chr. hergestellt. Sie ist 9,33 Meter lang und wiegt 27,5 Tonnen. **(4)** *Im Jahr / - / In* 1879 erwachte die Steinbearbeitung im Felsberg wieder zu neuem Leben.

bis zu / dank / mangels / wegen

(1) . . . . . . fünf böhmischer Steinmetze, die durch das Lautertal wanderten und die "blauen Steine" entdeckten, kamen weitere Steinmetze aus Italien, dem Fichtelgebirge und dem Bayerischen Wald. Wie in der Römerzeit wurden zuerst die an der Oberfläche liegenden Felsblöcke verarbeitet.
(2) . . . . . . der Möglichkeit, eine einheitliche Qualität der Steine zu gewährleisten, begann man Steinbrüche anzulegen, die sich bald in die ganze Region ausdehnten. Es entwickelte sich eine florierende Steinindustrie.
(3) . . . . . . 14 Steinbrüche waren am Felsberg offen und beschäftigten zeitweise mehr als 70% der erwachsenen männlichen Bevölkerung. **(4)** . . . . . . der ausländischen Konkurrenz und der abnehmenden Nachfrage nach den dunklen Odenwald-Steinen kam es später zur Schließung fast aller heimischen Unternehmen.

Erinnern Sie sich?

Übersicht 39: Modale Präpositionen

Modale Präpositionen

▶ diese Präpositionen weisen darauf hin, wie etwas geschieht, als auf die **Art und Weise**

(A) mit, (mit)samt, durch, ohne

- **mit (+ Dativ):**
  mit gibt ein Hilfsmittel (auch geistig emotional), die Zugehörigkeit oder die allgemeinen oder speziellen Beleitumstände einer Handlung an
  Beispiel: *mit Liebe zum Detail | mit ihren Freunden*
- ***(mit)samt (+ Dativ)*** kann nie in Verbindung mit Personen benutzt werden
  Beispiel: *Sie trafen mitsamt ihrem gesamten Gepäcks ein*

☠ ABER NICHT: ~~Sie trafen mitsamt ihren Verwandten ein.~~

- **ohne (+ Akkusativ)**
  ohne weist darauf hin, dass etwas oder jemand nicht beteiligt ist
  Beispiel: *Ohne Fleiß keinen Preis!*
- **durch (+ Akkusativ)** gibt das Mittel oder einen Mittler an
  Beispiel: *Die Verspätungen wurden den Wartenden durch Lautsprecher mitgeteilt.*

(B) entgegen, gegen, wider

- **entgegen (+ Dativ)** weist auf einen Widerspruch oder Gegensatz hin
  Beispiel: *Entgegen den Empfehlungen des Bergführers entschieden sich die Bergsteiger für die schwierigere Route.*
- **gegen (+ Akkusativ)** weist auf ein gegeneinandergerichtetes Handeln, eine Gegensätzlichkeit oder einen Austausch hin
  Beispiel: *Die Mannschaft der Uni Köln siegte gegen die Freiburger mit 2:0.*
- **wider (+ Akkusativ):** drückt einen Gegensatz aus, zum Beispiel in Ausdrücken wie:
  wider Erwarten | wider Willen

(C) außer, statt, anstelle, unter

- **außer (+ Dativ):** bedeutet, dass etwas oder jemand ausgenommen wird; auch in Verbindungen wie
  Beispiel: *außer sich sein | außer Betrieb sein | außer Acht lassen*
- **statt / anstelle (+ Genitiv):** weist daraufhin, dass etwas oder jemand ersetzt wird.
  Beispiel: *Statt / Anstelle der Kinder hielten sich die Eltern am Strand auf.*
- **unter (+ Dativ):** vor allem in Verbindungen mit bestimmten Substantiven wie
  Beispiele: *unter Druck | unter Lebensgefahr | unter Schmerzen | unter Tränen | unter der Bedingung*

(D) auf, aus, bis, für, in, von, zu

- **auf (+ Akkusativ),** in Verbindungen wie:
  Beispiel: *auf eine bestimmte (z.B. intelligente, höfliche) Art | auf diese Art und Weise | sich auf Deutsch, Englisch, Russisch etc. unterhalten*
- **aus (+ Dativ):** zur Angabe des Materials oder als Hinweis auf ein bestimmtes Entwicklungsstadium
  Beispiele: *aus Holz | aus Metall | aus recyclebarem Material | aus dem Kind ist ein fröhlicher und ausgeglichener Erwachsener geworden.*
- **bis (+ Dativ):** in Verbindungen wie
  Beispiele: *bis auf einen | bis auf wenige Ausnahmen | bis auf den letzten Platz*
- **für (+ Akkusativ):** in Verbindungen wie:
  Beispiele: *für andere etwas tun | für 200 € | für nichts und wieder nichts | für sein Alter | Für einen Menschen, der in seinem Leben wenig Gelegenheiten hatte, hat er es weit gebracht.*
- **in (+ Dativ):** In Verbindungen wie:
  Beispiele: *in Wirklichkeit | in Frieden leben | in aller Stille*
- **von (+ Dativ):** In Verbindungen wie:
  Beispiele: *im Abstand von 500 Metern | im Alter von 80 Jahren | ein Erdbeben von Stärke 6 auf der Richter-Skala*
- **zu (+ Dativ):** In Verbindungen wie:
  Beispiele: *zu Fuß | zu einem niedrigen / hohen / angemessenen Preis | zu zweit | zum Teil*

(E) abzüglich, zuzüglich, ausschließlich, einschließlich, um

- **abzüglich (+ Genitiv):** etwas wird abgezogen, vor allem ein Betrag oder eine Leistung
  Beispiel: *Abzüglich des bereits geleisteten Betrages macht das 200 €.*
- **zuzüglich (+ Genitiv):** etwas wird hinzugerechnet, vor allem ein Betrag oder eine Leistung
  Beispiel: *Zuzüglich der Mehrwertsteuer macht das 200 €.*
- **ausschließlich (+ Genitiv):** etwas wird ausgeschlossen, vor allem ein Betrag oder eine Leistung
  Beispiel: *Ausschließlich der Getränke, die auf Kosten des Hauses gehen, beträgt die Rechnung 200 €.*
- **einschließlich (+ Genitiv):** etwas wird eingeschlossen, vor allem ein Betrag oder eine Leistung
  Beispiel: *Einschließlich der Getränke und Snacks aus der Minibar beträgt die Rechnung 200 €.*
- **um (+ Akkusativ):** Angabe einer Differenz
  Beispiel: *Die Aprikosen sind heute um die Hälfte billiger.*

Aufgabe 20 – Ergänzen Sie die fehlenden Präpositionen

①

am / am / auf / auf / auf / auf / aus / entgegen / im / im / in / nach / ohne / von / zum

1) .... den Warnungen der Einheimischen hatte sich die Touristengruppe .... eigenes Risiko .... den Weg durch die 10 Kilometer lange Schlucht gemacht.

2) .... aller Stille hatten sie .... frühen Morgen ihr Hotel verlassen.

3) Obwohl .... Eingang der Schlucht ein Schild angebracht war, ... dem schwarz .... weiß geschrieben stand, dass erhöhte Gefahr durch Steinschlag bestünde, setzten die Touristen ihren Weg fort.

4) .... einer halben Stunde begann es heftig zu regnen und schwere Steinbrocken stürzten die Hänge hinunter.

5) .... Glück konnten sie ihr Hotel telefonisch erreichen, ... dem .... man die Rettungswacht benachrichtigte.

6) .... Nu wurde eine Rettungsmannschaft auf den Weg geschickt.

7) Die Touristen hatten noch einmal Glück .... Unglück und konnten unversehrt geborgen werden.

8) .... Zweifel werden sie ihre Verantwortungslosigkeit und Ignoranz heftig bereut haben.

②

ab / am / in / in / mit / von / vor / zu / zu / zur

1) Wie man sich in der Öffentlichkeit .... liebsten präsentiert, ist .... Mensch .... Mensch verschieden.

2) Diejenigen, die .... Leib und Seele Individualisten sind, kümmern sich wenig um Trends und Modeerscheinungen, wenn sie die eigenen vier Wände verlassen.

3) Anderen geht es .... erster Linie um ein gepflegtes Aussehen, ... allem am Arbeitsplatz.

4) Manche Mitbürger tragen auch gerne ein bewusst sportliches und lässiges Auftreten .... Schau.

5) .... der Regel passt man sich den verschiedenen Anlässen einfach an und gibt sich .... und .... ein neues, überraschendes Image.

③ Hier ist einiges durcheinandergekommen. Korrigieren sie die Sätze! Zu welchem Satz passen die Wendungen?

1) Polizeibeamte verfolgten die Verdächtigen *auf lange Sicht.*

....

2) *Von Jahr zu Jahr* erfolgte schon nach wenigen Tagen deren Festnahme an verschiedenen Orten der Stadt.

....

3) *Wie Sand am Meer* machen sich Kriminelle die neuen Technologien immer intelligenter zunutze.

....

4) *Durch und durch* muss die Polizei mehr Personal einstellen, das sich mit kriminellen Methoden im Internet gut auskennt.

....

5) Informatiker gibt es mittlerweile ja *Schlag auf Schlag.*

....

6) Wer allerdings Verbrechern auf die Spur kommen will, muss sich *auf Schritt und Tritt* mit dieser Aufgabe identifizieren.

....

④ Setzen Sie die passenden Wendungen ein

1) Die Damenelf spielte, als ginge es ....

2) .... handelte es sich bei der Mannschaft um ein gut eingespieltes Team.

3) Dieses Mal war ihr ihre Gegnerin aber .... überlegen.

4) .... war es ein sehr abwechslungsreiches Spiel.

5) Beide Mannschaften wollten den Skeptikern überdies .... zeigen, dass auch Damenfußball spektakulär sein kann.

Erinnern Sie sich?

Übersicht 40: Lokale Präpositionen 1

Lokale Präpositionen (Teil 1)

(A) lokale Präpositionen, die auf einen Ortswechsel oder auf einen bestimmen Ort hinweisen:

- **zu (+ Dativ):** gibt mit Verben der Bewegung die Richtung zu einem Ziel hin an
  Beispiele: *sie kommt zu mir nach Hause* | *zum Markt gehen* | *sich zu dem Kind hinunterbeugen*
- **nach (+ Dativ):** gibt mit Verben der Bewegung die Richtung zu bestimmten Zielen hin an (Ländernamen, Städtenamen etc. ohne Artikel) oder weist in Verbindung mit einem Adverb allgemein auf eine Richtung hin
  Beispiele: *nach England* | *nach Hamburg* | *nach vorne* | *nach oben*
- **von (+ Dativ):** gibt in Verbindung mit Verben der Bewegung an, dass sich etwas von einem Ausgangspunkt aus bewegt
  Beispiel: *vom Zahnarzt kommen* | *von rechts nach links laufen*
- **aus (+ Dativ):** gibt die räumliche Herkunft an
  Beispiele: *aus England* | *aus einer Kleinstadt am Main* | *aus gutem Haus*
- **bei (+ Dativ):** in der räumlichen Nähe von jemandem oder etwas
  Beispiele: *bei mir zu Hause* | *beim Zahnarzt* | *Velbert liegt bei Essen*
- **in (+ Dativ):** weist auf den Aufenthalt an einem bestimmten geographischen Punkt (Städte, Länder) hin
  Beispiele: *in England* | *in Hamburg* | *im Dorf*

(B) Ausgangs- und Endpunkte

- **von (+ Dativ ...) aus:** gibt einen räumlichen Ausgangspunkt an (auch metaphorisch)
  Beispiele: *vom höchsten Punkt der Stadt aus* | *von ihrem Standpunkt aus*
- **bis (zu + Dativ):** gibt den Endpunkt an, den man erreichen soll oder will
  Beispiele: *bis zum Bahnhof* | *bis zum Strand* | *bis Frankfurt*
- **gegen (+ Akkusativ):** kennzeichnet die Ausrichtung auf oder Hinwendung zu etwas, mit dem man zusammentrifft, weist auf eine Kollision hin
  Beispiele: *gegen die Strömung schwimmen* | *gegen einen Baum fahren* | *gegen die Mauer lehnen*

(C) innen / außen

- **innerhalb (+ Genitiv):** gibt an, dass sich etwas in einem begrenzten Raum befindet, auch metaphorisch
  Beispiele: *innerhalb der Grenzen* | *innerhalb des Gebäudes* | *innerhalb der Gesellschaft*
- **außerhalb (+ Genitiv):** gibt an, dass sich etwas nicht in einem bestimmten begrenzten Raum befindet, auch metaphorisch
  Beispiele: *außerhalb der Umzäunung* | *außerhalb des Parks* | *außerhalb der Gesellschaft*
- **inmitten (+ Genitiv):** gibt an, dass sich etwas in einem Zentrum befindet, wo es von anderen Dingen, Personen etc. umgeben ist, auch metaphorisch
  Beispiele: *inmitten der Menschenmenge* | *inmitten des Chaos* | *inmitten der Gesellschaft*

Aufgabe 21 – Ergänzen Sie die fehlenden Präpositionen, wo nötig mit Artikel

①

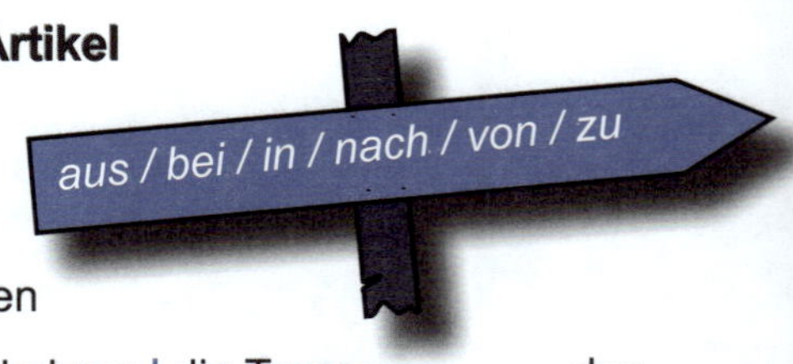

| .... uns .... Hause | .... Zentrum fahren | es tropft .... den Dächern | .... der Nähe besehen | .... Zürich leben | .... einem bekannten Unternehmen arbeiten | .... dem Ausland zurückkehren | die Tassen .... den Schrank stellen | Kettwig liegt .... Essen | .... Bäcker gehen | .... Ort .... Ort verschieden | nicht ganz .... sich sein | .... Kleiderschrank hängen | der Eingang .... Museum | .... Münster fahren | die Teller .... dem Schank nehmen | .... rechts kommen | .... Norden fahren | .... einer Taufe anwesend sein | den Turm .... fünf Kilometer Entfernung erkennen | .... Zahnarzt zurückkommen | .... Mühldorf wandern | .... Zahnarzt gehen | .... Schweden reisen

②

aus / außerhalb / bis (zu) / gegen / in / inmitten / innerhalb / von

.... der Schutzhütte war es kalt und windig | .... des dichten Verkehrs war ein Dreirad zu erkennen | .... nächsten Ecke gehen | .... hier .... | das Fahrrad .... die Wand lehnen | .... den Wind segeln | .... der Legalität leben, kriminell sein | .... der Dorfgemeinschaft | .... Gipfel .... die Sicht genießen | .... der Ostküste .... Westküste fahren | mit dem Kopf .... die Wand rennen (Redensart) | .... Ort zu Ort verschieden | .... des brennenden Waldes eingeschlossen sein | 50 Kilometer .... der Stadt liegen | .... oben .... unten | .... der Befestigungsmauern der Burg | .... Gipfel .... Küste sehen können.

Erinnern Sie sich?

Übersicht 41: Lokale Präpositionen 2

Lokale Präpositionen (Teil 2)

(D) oben / unten

- **(oberhalb + Genitiv):** höher gelegen als ein bestimmter Punkt
  Beispiel: *oberhalb des Platzes beginnt der Wanderweg*
- **(unterhalb + Genitiv):** niedriger gelegen als ein bestimmter Punkt
  Beispiel: *unterhalb des Platzes fließt ein Bach*

(E) seitlich

- **(entlang + Genitiv oder nachgestellt: Akk + Substantiv+ entlang, längs + Genitiv):** gibt in Verbindung mit Verben der Bewegung an, dass sich etwas von einem Ausgangspunkt aus seitlich von einer Bezugslinie bewegt
  Beispiele: *entlang des Zauns wachsen Blumen* | *die Wand entlang gehen* | *längs der Mauer parken Autos*
- **(diesseits + Genitiv):** auf der Seite, auf der sich der Sprecher befindet, auf dieser Seite
  Beispiel: *diesseits der Grenze*
- **(jenseits + Genitiv):** auf der anderen Seite eines bestimmten Punktes
  Beispiel: *jenseits der Grenze*
- **(abseits + Genitiv):** ein wenig entfernt von einem bestimmten Punkt
  Beispiel: *abseits der vielbefahrenen Autobahn*

(F) Strecke

- **um + Akkusativ (+ herum):** bedeutet eine kreisförmige Bewegung um einen zentralen Punkt herum
  Beispiel: *Sie gingen um die Kirche herum*
- **durch + Akkusativ:** eine Bewegung, die von einer Seite hinein- und auf der anderen Seite hinausführt, das Zurücklegen einer Strecke in einem bestimmten begrenzten Raum
  Beispiel: *Die Katze sprang durch das Fenster.* | *Die Karawane zog durch die Wüste.*
- **über + Akkusativ (+ hinaus):** beschreibt, dass ein bestimmter Punkt überschritten wird oder dass ein bestimmter Punkt passiert wird
  Beispiel: *Der Turm ragt über die Dächer der Häuser hinaus.* | *Der Zug fährt über Köln.*

Aufgabe 22 – Ergänzen Sie mit Präpositionen aus Übersicht 41, wo nötig mit Artikel

.... den Türspalt sehen | einen Spaziergang am Fluss .... | eine Runde .... das Fußballfeld laufen | .... der Berghütte liegt der Gletscher | die ruhigen Stadtviertel .... des Zentrums | der Zug .... Stuttgart nach München | die Skipiste .... der Seilbahnstation | .... des Grabens steht die Burgruine .... befindet sich eine große Grünfläche | .... den Tisch herum sitzen | .... die Köpfe der Mitmenschen hinausragen | .... der Schienen verläuft eine Stromleitung | im Laden .... die Ecke | ein Bummel .... die Stadt | der Radweg .... des Mains | .... der vielbefahrenen Autobahn | .... der Bergkette regnet es, ... ist schönes Wetter | .... das Ziel hinaus laufen | .... die Tür hineinkommen | die Straße .... laufen | .... der Seilbahnstation endet die Straße | .... des Touristenrummels | .... des Klosters liegt das Tal | die Weinberge .... des Flusses

Erinnern Sie sich?

Übersicht 42: Lokale Präpositionen 3

Lokale Präpositionen (Teil 3)

Präpositionen zur genauen Ortsbestimmung

(A) Wechselpräpositionen

- **in (+ Dativ oder Akkusativ):** etwas befindet sich im Innern bzw. innerhalb eines Bezugspunktes bzw. eines als geschlossen empfundenen Raums
  Beispiele: *in Köln leben* | *in der Schublade liegen* | *in einen Verein eintreten*
- **vor (+ Dativ oder Akkusativ):** auf der Seite, die dem Betrachter oder dem Bezugspunkt zugewandt ist
  Beispiele: *vor dem Haus* | *vor den Spiegel* | *vor sich hin reden* | *vor der Wahl stehen*
- **hinter (+ Dativ oder Akkusativ):** auf der Seite, die dem Betrachter oder dem Bezugspunkt abgewandt ist, auf der Rückseite befindlich **ODER** in einer Rangfolge von geringerer Bedeutung sein
  Beispiele: *hinter der Garage* | *hinter das Haus* | *sich hinter etwas stellen* | *etwas hinter sich lassen*
- **unter (+ Dativ oder Akkusativ):** auf der Seite, die sich vom Betrachter oder Bezugspunkt aus gesehen unterhalb eines bestimmten Punktes befindet
  Beispiele: *unter der Lampe* | *unter die Bank*
- **auf (+ Dativ oder Akkusativ):** etwas oder jemand berührt den Bezugspunkt von oben oder in bestimmten Wendungen
  Beispiele: *auf den Baum klettern* | *auf dem Tisch* | *auf dem Land wohnen* | *auf eine Party gehen*
- **über (+ Dativ oder Akkusativ):** auf der Seite, die sich vom Betrachter oder vom Bezugspunkt aus gesehen oberhalb eines bestimmten Punktes befindet, ohne diesen zu berühren oder in bestimmten Wendungen
  Beispiele: *über den Wolken* | *über die Straße laufen*
- **an (+ Dativ oder Akkusativ):** gibt an, dass etwas nahe ist und berührt wird oder ohne weiteres berührt werden kann
  Beispiele: *an der Universität* | *an die Mauer lehnen*
- **neben (+ Dativ oder Akkusativ):** an der Seite von etwas oder jemandem
  Beispiele: *neben dem Rathaus* | *neben das Fahrrad*
- **zwischen (+ Dativ oder Akkusativ)** bedeutet, dass sich etwas innerhalb von zwei begrenzenden Punkten befindet oder in bestimmten Wendungen
  Beispiele: *zwischen dem Gartentor und dem Hauseingang* | *zwischen Tür und Angel* | *zwischen allen Stühlen sitzen*

(B)

- **gegenüber (+ Dativ) (auch nachgestellt)**
  Beispiele: *der Kirche gegenüber* | *gegenüber der Kirche*

Aufgabe 23 – Reise durch das Ruhrgebiet

①

auf / auf / aufs / durch / in / ins / zwischen

Mit der „Naturlinie" auf Entdeckungsreise (1) .... Essen

Die Straßenbahnlinie 105 (2) .... Rellinghausen und Frintrop führt zu Grünzügen, Stadtparks und Siedlungen mit viel Grün. Es lohnt sich auszusteigen, auch wenn die Orientierung dann nicht immer leicht fällt. Hand (3) .... Herz: Wer mit der Straßenbahnlinie 105 (4) .... der Rellinghauser Straße oder (5) .... der Altendorfer Straße unterwegs ist, der hat wohl kaum den Eindruck, dass er einen Ausflug (6) .... Grüne macht, obwohl das Grün oft ganz (7) .... der Nähe der nächsten Haltestelle ist.

②

abseits / auf / bis / in / in / zu

Anlässlich der Klimawochen lädt das Essener Nahverkehrsunternehmen seine Fahrgäste ein, einmal auszusteigen und sich (1) .... ihrer Stadt ein wenig umzuschauen. Einige haben die Einladung angenommen. Dass das Ruhrgebiet keine schmutzige Industrieregion mehr ist, das habe sich (2) .... in ihre Heimatstadt Oldenburg herumgesprochen, erzählt eine Seniorin, die seit längerem (3) .... Essen wohnt. Sind Verwandte (4) .... Besuch, zeigt sie ihnen Essens schöne Seiten und davon gibt es mehr als selbst gebürtige Essener vermuten mögen, was der Ausflug mit der „105“ offenbart. Ähnlich wie die Kulturlinie 107, die das Essener Nahverkehrsunternehmen zum Kulturhauptstadtjahr 2010 (5) .... die Gleise setzte, soll die Linie 105 den Fahrgästen näher bringen, was es (6) .... der Strecke zu sehen gibt. Mit der 105 können die Essener ihre eigene Stadt entdecken und ganz neue Dinge erfahren.

③

auf / aus / durch / ins / nach / von / zu / zwischen

Ob jeder Essener zum Beispiel weiß, dass ein Ausläufer des Ardeygebirges und damit die Wetterscheide (1) .... den Flüssen Ruhr und Emscher (2) .... die Stadt verläuft? Ein anderer Fahrgast ist vor einem Jahr (3) .... Bielefeld (4) .... Essen gezogen und ist neugierig auf die Stadt. „Ich begegne Menschen, die hier (5) .... Hause sind und die noch nicht gesehen haben, was ich gesehen habe“, wundert er sich. Essener identifizieren sich vor allem mit den Stadtteilen, (6) .... denen sie kommen und oft schon ein Leben lang wohnen. Doch nicht nur die Bewohner Essens sollen mit der Linie 105 (7) .... Entdeckungsfahrt gehen, sondern auch für die Besucher der Stadt könnte die „Naturlinie“ das Verkehrsmittel für die Fahrt (8) .... Grüne werden.

④

an / auf / auf / aus / bis / entlang / in / in / von / vor / zum

Allerdings müssen noch ein paar Probleme gelöst werden, denn (1) .... den Haltestellen gibt es nur sehr kleine und wenig informative Hinweisschilder darauf, warum es sich lohnt, einen kurzen Zwischenstopp einzulegen. Wer dann ausgestiegen ist, muss sich in der Regel durchfragen. Den richtigen Weg (2) .... der Haltestelle (3) .... (4) .... (5) .... nächsten Park oder See zu finden, ist manchmal nicht leicht. Am besten hat man ein internetfähiges Mobiltelefon (6) .... der Tasche, denn so findet man (7) .... der entsprechenden Internetseite nicht nur Wegbeschreibungen und Orientierungshilfen, und zwar auch satellitengesteuert per GPS, sondern die wichtigsten Infos zu den rund 50 Naturorten (8) .... der etwa 20 Kilometer langen Strecke. Doch auch mehr Informationen insbesondere über das, was mal war, wird sich mancher (9) .... Ort wünschen, etwa über den Segeroth oder die Kruppsche Gussstahlfabrik, die dort standen, wo sich heute der Krupp-Park befindet. Der Ausflug ins Grüne würde so zu einer lohnenswerten Reise (10) .... die Geschichte der Stadt. Ein Erlebnis, das unverhoffte Aussichten (11) .... die Stadt Essen bietet, ist die Fahrt mit der Linie 105 aber trotzdem auf jeden Fall.

Aufgabe 24 – Fehlerkorrektur Präpositionen

Sehr geehrte Frau Bürgermeisterin Windeck,	
bei unserem letzten Spaziergang im Strand ist uns aufgefallen, dass sich während des	(1)________
Winters sehr viel Müll angesammelt hat. Besonders lang des Küstenstreifens haben wir	(2)________
viel Plastikmüll und sogar einen Bildschirm am Sand gefunden. Wir möchten Sie deshalb	(3)________
fragen, ob man auf unserem schönen Strand nicht eine Müllsammelaktion durchführen	(4)________
könnte. Wir sind die Küste fünf Kilometer seitlich gegangen und zwar beim Leuchtturm	(5)________
aus bis am Hafen und überall gab es Müll. Besonders unter der Sanddünen liegen viele	(6)________
Flaschen und Plastiktüten.	(7)________
Man könnte den Müll mit möglichst vielen Helfern zwischen Mülltüten sammeln und ihn	(8)________
dann nach Recyclingstelle bringen. Dann würden wir auch einen kleinen Beitrag zum Um-	(9)________
weltschutz leisten. Wie finden Sie diese Idee?	(10)________
Mit freundlichen Grüßen	
Pit und Klara Svensson	

Aufgabe 25 – Fehlerkorrektur Präpositionen

Liebe Studenten,	
wie bereits angekündigt, wollen wir am Wochenende das Klimahaus aus Bremerhaven	(1)________
besuchen. Unser Aufenthalt beim Klimahaus ist verbunden mit einer wissenschaftlich-	(2)________
technischen Führung, bei der die Gruppe auch Einblick vor die Kulissen des Klima-	(3)________
hauses erhält. Das Klimahaus Bremerhaven 8° Ost ist eine einzigartige Wissens- und	(4)________
Erlebniswelt zum Themenkomplex Klima, Klimawandel und Wetter. Über 11.500	
Quadratmetern Ausstellungsfläche besuchen wir unterschiedliche Klimazonen entlän-	(5)________
ger des achten Längengrades Ost, erfahren die Zusammenhänge zwischen Wetter und	(6)________
Klima, erforschen Hintergründe der Klimaveränderung und lernen, was jeder einzelne	(7)________
zum Klimaschutz beitragen kann. In einem vierstündigen Rundgang besteht die	(8)________
Möglichkeit, sich weitere, sehr interessante Ausstellungen anzusehen, z.B. ein Besuch	(9)________
bei Museumsschiffen zum Hafen, eine Führung vor das Auswandererhaus oder einen	(10)________
Bummel einfach nur gegenüber der Weser entlang – oder Sie genießen einen grandio-	(11)________
sen Rundblick hinter Bremerhaven, die Hafenanlagen, die Weser bis zur Nordsee ab der	(12)________
Aussichtsplattform des Albatros-Hotels aus.	

Aufgabe 26 – Ergänzen Sie die fehlenden Präpositionen

Liebe Mitbürger,	
wie Sie wissen, kommen jedes Jahr mehr und mehr Touristen __(1)__ unsere kleine Stadt __(2)__ Meer. Viele von ihnen lieben die Natur und bringen deshalb auch ihre Haustiere, meistens ihren Hund, mit __(3)__ uns. Da wir auch diesen Gästen __(4)__ uns einen schönen Aufenthalt bieten möchten, hat sich der Stadtrat dazu entschlossen, ein 500 Meter langes Stück des Strandes __(5)__ des alten Wachturms zum Hundestrand zu erklären. __(6)__ des Hundestrandes sollen flexible Barrieren errichtet werden, damit sich die Vierbeiner und ihre Besitzer nicht __(7)__ den Hauptstrand verirren und damit niemand gestört wird. Für die Benutzung des Hundestrands soll pro Hund eine Gebühr von 2 Euro für einen Tag gezahlt werden. __(8)__ Strand wird es auch ein neues Cafe und ein kleines Restaurant geben. Natürlich dürfen nur geimpfte Hunde mit Chip __(9)__ den abgegrenzten Bereich. Liebe Mitbürger, uns würde gerne Ihre Meinung zu diesem Projekt der Stadtverwaltung interessieren. Hinterlassen sie doch einfach einen Kommentar __(10)__ der Website der Stadt. **Ihre Stadtverwaltung**	(1)________ (2)________ (3)________ (4)________ (5)________ (6)________ (7)________ (8)________ (9)________ (10)________

Aufgabe 27 – Textergänzung Präpositionen

Urlaub (0) Deutschlands Weinregionen	(0)in
Urlaub fast __(1)__ der eigenen Haustür wird für viele Deutsche immer attraktiver. Insbesondere __(2)__ den Weinregionen gehen reizvolle Landschaften, Kultur, Gastfreundschaft und Genuss eine wunderbare Verbindung ein. Natürlich kommen auch moderne Freizeitaktivitäten und Aktivurlaube nicht zu kurz. Ob Wasserski- und Drachenflugangebote __(3)__ der Mosel, Kajak-Touren __(4)__ dem Main, Freeclimbing in Württemberg oder Motorroller-Touren __(5)__ der Pfalz, in deutschen Weinregionen wird einiges geboten. Wer Entspannung sucht, findet __(6)__ zahlreichen Wein- und Wellness-Angeboten bestimmt das Richtige. Weinstraßen führen die Besucher in vielen Weinbaugebieten __(7)__ den schönsten Orten der Region. Ganz hervorragend lassen sich die Weinlande auch __(8)__ dem Fahrrad erkunden. Hier bieten sich selbstverständlich Touren __(9)__ der Flüsse an, die sich __(10)__ die meisten Weinbaugebiete schlängeln. Zur Rast laden die typischen Straußwirtschaften ein. Hier bewirten die Winzer ihre Gäste mit preiswertem und regionaltypischem Essen, dazu wird Wein __(11)__ eigenem Anbau ausgeschenkt. Der krönende Abschluss eines erlebnisreichen Tages __(12)__ den Weinregionen ist der Besuch und die Übernachtung direkt __(13)__ Ort __(14)__ Winzer. Hier gehen Genuss und Gastfreundschaft Hand __(15)__ Hand. Wir wünschen genüssliche Stunden dort, wo der Wein __(16)__ Deutschland wächst.	(1)________ (2)________ (3)________ (4)________ (5)________ (6)________ (7)________ (8)________ (9)________ (10)________ (11)________ (12)________ (13)________ (14)________ (15)________ (16)________

6. Schritt: Feste Wendungen

Erinnern Sie sich?

Übersicht 43: Funktionsverbgefüge

Funktionsverbgefüge - einige Regeln
Ein Funktionsverbgefüge ist
eine Verbindung aus Verb und Substantiv, wobei der Ausdruck nur durch diese spezielle Verbindung Bedeutung erlangt.
Das Verb hat außerhalb dieser Verbindung oft eine ganz andere Bedeutung.
Das konjugierte Verb steht an 2. Stelle, der Rest des Funktionsverbgefüges steht in der Regel am Ende des Satzes.
Die Negation erfolgt in der Regel mit „nicht“.
Steht vor dem Substantiv kein Artikel („Nullartikel“), erfolgt die Negation mit kein.

Aufgabe 1 - Ergänzen Sie die Sätze mit einem passenden Verb

①

ausbrechen | bewahren | gewinnen | suchen | stoßen | verloren | verpflichten

1) Beim Lesen dieses Buches bin ich auf ein interessantes Problem ....

2) Das Kätzchen war am Anfang sehr misstrauisch und es hat lange gedauert, bis wir sein Vertrauen .... haben.

3) Er hat lange auf eine Nachricht von seinem Arbeitgeber gewartet. Schließlich hat er doch die Geduld .... und sich eine andere Stelle ....

4) Wenn eine Panik ...., ist es vor allem wichtig, Ruhe zu ....

5) Wir sind Frau Kala wirklich zu Dank ...., weil sie uns geholfen hat.

②

ausführen | einstellen | leisten | sammeln | verlieren

1) In dieser Fabrik wird nicht mehr gearbeitet, die Produktion wurde schon vor ein paar Monaten ....

2) Während ihrer Tätigkeit als Journalistin hat sie viele Erfahrungen über soziale Brennpunkte ....

3) Der Waldbrand weitet sich aus, man darf keine Zeit mit dem Löschen ....

4) Der neue Übersetzungsdienst hat unsere Aufträge immer korrekt ....

5) Bei ihrer Verhaftung haben die Bankräuber keinen Widerstand ....

③

abgeben | auslassen | aussetzen | erfüllen | ergreifen | gehen | missbrauchen | schützen | verzichten | vermeiden

1) Man hatte alle Vorsichtsmaßnahmen ...., man hatte also keine Vorsichtsmaßnahme ....

2) Ein kluger Mensch wird versuchen, jedes Risiko zu ....; er will sich vor Schaden .... und wird deshalb der Gefahr aus dem Weg .... Auch seine Familie wird er keiner Gefahr ....

3) Er kann sich jeden Wunsch .... und braucht auf nichts zu ....

4) Sie hat ihm geglaubt und er hat ihr Vertrauen auch nicht ....

5) Vor dem Bundestag hat der Minister gestern eine Erklärung ....

④

ausstellen | treffen | schließen | üben | übernehmen

1) Ihr habt euch lange genug gestritten, jetzt solltet ihr wieder Frieden ....

2) Das Institut wird Ihnen nur nach bestandener Prüfung ein Zeugnis ....

3) Viele Fernsehzuschauer .... Kritik an den Sendungen.

4) Nach dem Unfall wollte niemand die Verantwortung ....

5) Die Stadt wird Maßnahmen zur Verbesserung der Infrastruktur ....

Aufgabe 2 - Ergänzen Sie die Sätze, sodass sich ihr Sinn nicht ändert!

1) Wenn Anja im Unrecht ist, will sie es nie zugeben. Sie will immer das .... Wort ....

2) Nach dem Plädoyer des Staatsanwalts .... zunächst der Verteidiger .... Wort.
In einem Strafprozess hat aber der Angeklagte immer das .... Wort.

3) Du hattest mir versprochen, das Geld pünktlich zurückzuzahlen. Warum hast du dein Wort nicht ....?

4) Die Mutter fragt ihren Sohn. Sie .... ihm also eine Frage.

5) Nach langem Überlegen entschloss er sich, das Haus zu kaufen.
Nach langem Überlegen .... er den ...., das Haus zu kaufen.

6) Der Student beantragt ein Stipendium, das heißt er .... einen Antrag auf ein Stipendium.

7) Er muss seine Eltern benachrichtigen. Er muss seinen Eltern Nachricht ....

8) Der Vortrag hat mich beeindruckt. Er hat Eindruck .... mich ....

9) Der Staatsanwalt klagt den Betrüger an. Er .... gegen den Betrüger ....

10) Die vielen Helfer haben zum Erfolg der Veranstaltung wesentlich beigetragen.
Sie haben einen wesentlichen .... zum Erfolg der Veranstaltung ....

11) Der Gedanke lässt sich schwer ausdrücken. Er ist schwer in Worte zu ....

12) Man soll den Patienten nicht stören. Man soll ihn in Ruhe ....

13) Die Studenten arbeiten konzentriert. Sie .... ganz bei der Sache.

14) Die Energieversorgung ist gesichert. Es .... genug Energie zur Verfügung.

15) Sie wissen nicht, was sie tun, denn sie haben von dieser Sache keine ....

16) Er weiß nicht mehr, was er sagen wollte, das heißt er hat den Faden ....

17) Der Arzt hilft dem Verletzten. Er .... ihm erste Hilfe.

18) Sie kann sich gut vorstellen, wie es ihm geht. Sie kann sch gut in seine Lage ....

19) Sie versuchen, die Lage zu ändern, das heißt sie .... Versuche, um die Lage zu ändern.

20) Er ist in eine schwierige Situation gekommen, das heißt er ist in .... geraten.

Aufgabe 3 - Markieren Sie das richtige Verb bzw. die richtigen Verben

1) Er wird mit diesem Gesetz auf keinen Widerstand ***schlagen / stoßen / treffen.***

2) Wir werden seiner Aufforderung Folge ***leisten / bringen.***

3) Zum Tode seines Vaters habe ich ihm meine Anteilnahme ***gegeben / ausgesprochen / ausgedrückt.***

4) Der ausländische Staatsmann wird auch dem früheren Bundespräsidenten einen Besuch ***machen / abstatten.***

5) Wegen der hohen Geldstrafen ***beachten / halten*** sich die Autofahrer jetzt strenger an die Verkehrsvorschriften.

6) In dieser Angelegenheit sollte man auf eine schnelle Entscheidung ***drängen / absehen / pochen.***

7) Man muss regelmäßig einen Antrag auf die Verlängerung des Reisepasses ***stellen / eingeben.***

8) Dem Kranken geht es nicht gut, sein Zustand hat sich ***verbessert / verschlechtert.***

Aufgabe 4 - Feste Nomen-Verb-Verbindungen – Ergänzen Sie die Verben und Präpositionen

1) (jemanden meiden) Das Kind versucht, den älteren Schülern . . . . dem Weg zu . . . .

2) (verantwortlich sein für) Eltern . . . . die Verantwortung . . . . ihre minderjährigen Kinder.

3) (fähig sein) Viele junge Akademiker . . . . wegen zeitlich begrenzter Arbeitsverhältnisse zunächst nicht dazu . . . . der Lage, ihre Zukunft zu planen.

4) (wichtig sein) Fremdsprachenkenntnisse . . . . im Berufsleben eine immer wichtigere . . . .

5) (sich bemühen) Die neuen Inhaber hatten sich . . . . . der Dekoration des neuen Lokals viel Mühe . . . .

6) (bezahlen) Der Verursacher eines Schadens . . . . die Kosten . . . . . . die Reparatur.

7) (kritisieren) Die Bürger der Stadt . . . . . . Kritik . . . . . . der Entscheidung des Bürgermeisters.

8) (etwas Nachteiliges akzeptieren) Ausgeglichene Menschen . . . . eine Niederlage eher . . . . . . Kauf.

9) (sich erfüllen) Die Wünsche der Migrantenkinder . . . . Erfüllung gegangen.

10) (sich interessieren für) Die Eltern . . . . den Plänen für die neue Schule Interesse.

11) (bezweifeln) Niemand . . . . die Bedeutung des Themas . . . . . . Frage.

12) (verlegen machen) Unhöfliche Fragen . . . . sie immer . . . . . . Verlegenheit.

13) (beenden / abschließen) Was man angefangen hat, sollte man auch . . . . Ende . . . .

14) (fliehen) Die Bevölkerung . . . . der heranrückenden Armee die Flucht.

15) (angewendet werden) Die neue Technologie soll schon bald in PKWs . . . . . Anwendung . . . .

16) (möglich sein) Die Benutzung eines Wörterbuches während der Prüfung . . . . nicht . . . . . . Betracht.

17) (sich beziehen auf) Der Referent . . . . die neueste Statistik Bezug.

18) (beenden) Wir müssen . . . . . . der Benutzung von Plastiktüten endlich Schluss . . . .

19) (nachdenken) Es ist lohnenswert, sich . . . . . . die Konsequenzen des eigenen Handelns hin und wieder Gedanken zu . . . .

20) (begründen) . . . . . . die Verspätung der Züge wurde kein Grund . . . .

Aufgabe 5 - Ergänzen Sie die Sätze sinngemäß

1) Der Patient bat um ein wirksames Mittel gegen seine Erkrankung.
Der Arzt . . . . ihm ein Medikament.

2) Die in Schwierigkeiten geratene Firma nahm bei der Bank einen Kredit auf.
Die Bank . . . . ihr einen Kredit.

3) Der Bürgermeister stellte die Aktion zur Wiederaufforstung unter seinen persönlichen Schutz.
Die Aktion . . . . unter dem Schutz des Bürgermeisters.

4) Der Richter erteilte dem Angeklagten das Wort.
Der Angeklagte . . . . das Wort.

5) Der Angestellte bekam wegen seiner Unpünktlichkeit Schwierigkeiten.
Seine Unpünktlichkeit . . . . den Angestellten in Schwierigkeiten.

6) Dieses Lexikon ist mir von großem Nutzen.
Ich . . . . es sehr häufig.

7) Er war sehr froh über deinen Besuch.
Dein Besuch . . . . ihm große Freude.

8) Er behauptet merkwürdige Dinge.
Er . . . . merkwürdige Behauptungen . . . .

9) Man kann sich nicht auf ihn verlassen.
Auf ihn ist kein . . . .

10) Ich habe lange mit ihm gesprochen.
Ich habe ein langes . . . . mit ihm . . . .

11) Sie verabschiedete sich von ihren Kollegen.
Sie . . . . von ihren Kollegen.

16) Er traut seinem Geschäftspartner nicht mehr.
Er hat zu ihm kein . . . . mehr.

Aufgabe 6 - Idiomatische Redewendungen

Hier ist einiges durcheinander gekommen! Tauschen Sie die Redewendungen, so dass die Sätze einen Sinn ergeben!
***Tipp:** Notieren Sie zunächst jede einzelne Redewendung und machen Sie sich ihre Bedeuteung klar.*

① Körper allgemein

1) Seit einer Woche ist er gesund und ***steckt*** wieder ***den Kopf in den Sand!***

. . . .

2) Ich wünsche dir alles Gute und ***verliere*** ganz fest ***den Kopf!***

. . . .

3) Sie ist so nervös und ***lässt*** immer ***die Finger davon!***

. . . .

4) Das ist ein Skandal, dem man nicht ***die Daumen drücken*** muss.

. . . .

5) Eine mutige Kioskbesitzerin, die gestern Nacht von einem Räuber bedroht wurde, ***war*** durch laute Schreie wieder ***auf den Beinen***.

....

6) Durch die Panik nach dem Erdbeben ***nahmen es*** viele Menschen ***auf die leichte Schulter*** und irrten zunächst ziellos durch die Straßen der Stadt.

....

7) Dieses Geschäft ist ziemlich riskant, ich würde an deiner Stelle ***die Nerven verlieren*** und mein Vermögen nicht gefährden.

....

8) Sie verliert leicht den Mut und **macht** dann **jemandem Beine.**

....

② Sinnesorgane

1) Das Gespräch fand unter Ausschluss der Öffentlichkeit ***immer der Nase nach*** statt.

....

2) Mir fällt sein Name nicht ein, obwohl ich ***meinen Ohren nicht traue***.

....

3) Jeden Morgen ist die Bushaltestelle voll mit Bierflaschen und Müll, man könnte ***im Dunkeln tappen!***

....

4) Man schenkte ihr kein Vertrauen, so dass man sie nicht über das Ereignis informierte, sondern ***aus der Haut fuhr***.

....

5) Sie wollen zum Bahnhof? Da müssen sie immer geradeaus gehen, einfach ***unter vier Augen.***

....

6) Beim nächsten Mal muss ich Ihnen ein Bußgeld auferlegen, wenn Sie den Schwarzbau nicht innerhalb von zehn Tagen entfernen. Dieses Mal ***lasse*** ich ***Sie noch im Dunkeln.***

....

7) Die Polizei ***wird*** in der Angelegenheit ***weich***.

....

8) Als er von der unglaublichen Neuigkeit hörte, ***lag*** ihm zunächst ***etwas auf der Zunge***.

....

9) Bei Schokoladentorten ***drückt*** sie ***immer ein Auge zu***!

....

③ Aktivitäten

1) Der Notarztwagen war nach dem Unfall schnell ***auf frischer Tat ertappt***.

. . . .

. . . .

2) Der Diskussionsleiter bat die eingeladenen Politiker mehrmals darum ***Gas zu geben.***

. . . .

. . . .

3) Die Bürgerinitiative, die sich für die Begrünung des Stadtviertels einsetzte, ***legte*** einiges ***an den Tag.***

. . . .

. . . .

4) Auf ihn ist Verlass, er ***kommt*** immer ***zur Sache.***

. . . .

. . . .

5) Die Polizei ***streute*** den Dieben ***Sand in die Augen.***

. . . .

. . . .

6) Der Betrüger ***hatte sein Wort gehalten*** und sie nicht über die Risiken der Geldanlage aufgeklärt.

. . . .

. . . .

7) Im Wahlkampf machen die Parteien große Versprechen, aber sobald sie regieren, ***bringen*** sie ***etwas ins Rollen***.

. . . .

. . . .

8) Bei der Versammlung wurde ***das Wort*** auch auf den Ausbau des Sportplatzes ***gebrochen***.

. . . .

. . . .

9) Die Favoriten des Rennens ***brachten die Sprache darauf***, um als erste die Ziellinie zu überqueren.

. . . .

. . . .

10) Kurz vor einem Erdbeben ***sind*** Haustiere mit einem sonderbaren Verhalten ***zur Stelle***.

. . . .

. . . .

④ Natur und Physik

1) Der Nachbar geht ***wie der Blitz*** mit seinen Hunden spazieren, selbst bei starkem Regen.

. . . .

. . . .

2) Obwohl an diesem Tag schlechtes Wetter vorhergesagt wurde und die Segler informiert wurden, ***spielten*** diese ***mit dem Feuer.***

. . . .

. . . .

3) Die Investition war den Geldgebern viel zu riskant, schließlich wollten sie nicht ***an die Luft gehen*** und ihr Vermögen riskieren.

. . . .

. . . .

4) Die Zwillinge sind so unterschiedlich wie ***bei Wind und Wetter.***

. . . .

. . . .

5) Durch die Recherche der Journalisten einer großen Tageszeitung ***ging ihnen ein Licht auf,*** dass zahlreiche bekannte Persönlichkeiten ihr Vermögen in Steuerparadiesen verstecken.

. . . .

. . . .

6) Eltern sollten dafür sorgen, dass ihre Kinder mindestens einmal täglich ***ans*** frische ***Licht kommen***.

. . . .

. . . .

7) Der Sportwagen raste ***wie Tag und Nacht*** durch das Dorf.

. . . .

. . . .

8) Erst später ***saßen*** die Forscher ***an der Quelle***, wie das Problem des Energieverlusts zu lösen war.

. . . .

. . . .

9) Obwohl die Journalisten ***die Warnung in den Wind schlugen*** und alle relevanten Informationen aus erster Hand bekamen, veröffentlichten sie den Skandal erst nach einigen Wochen.

. . . .

. . . .

⑤ Kleidung

1) Nachdem der Skandal an die Öffentlichkeit gekommen war, musste der Minister ***jemandem etwas in die Schuhe schieben*** und zurücktreten.

....

....

2) Um das Projekt zu verwirklichen, ***fühlten*** sich alle Beteiligten ***auf den Schlips getreten***, um zum Erfolg beizutragen.

....

....

3) Der Herausgeber der Zeitung ***war*** für sie ***ein rotes Tuch***, um den inhaftierten Journalisten zu helfen.

....

....

4) Der Vorgesetzte ***hatte*** seinen Mitarbeitern den Misserfolg ***eine weiße Weste.***

....

....

5) Sehr romantische Menschen neigen dazu, die Wirklichkeit nicht wahrzunehmen und vieles ***aus dem Ärmel zu schütteln.***

....

....

6) In Zeiten der Wirtschaftskrise sind die meisten Menschen dazu gezwungen, ***den Hut zu nehmen*** und zu sparen.

....

....

7) Ein gut vorbereiteter Kandidat ***sieht*** in der mündlichen Prüfung die richtigen Antworten nur so ***durch die rosa Brille***.

....

....

8) Seit sie sich beim Fußballspielen zwe mal schwer verletzt hatten, ***riskierten*** sie für diese Sportart ***Kopf und Kragen.***

....

....

9) Glaubt man den Pressemitteilungen des Unternehmens, ***krempelte*** das gesamte Management ***die Ärmel auf*** und wusste nichts von der Zahlung von Schmiergeldern.

....

....

10) Sein Kollege ist schnell beleidigt und ***schnallt*** sich bei der kleinsten Kritik sofort ***den Gürtel enger.***

....

....

⑥ Tiere

1) Ein Problem bei Internetkäufen ist, dass man die Produkte vorher nicht sieht und im Grunde ***Eulen nach Athen trägt.***

....

....

2) Man hatte den interessierten Käufern ***die Katze im Sack gekauft***, als man behauptet hatte, dass die Grundstücke am Strand preiswert erworben werden könnten.

....

....

3) Wurst nach Deutschland exportieren zu wollen ist wie ***mit den Hühnern schlafen zu gehen.***

....

....

4) Er neigt dazu, ***das schwarze Schaf zu sein und*** die Dinge schlimmer darzustellen als sie wirklich sind.

....

....

5) Wegen des mangelnden Lichts gingen die Menschen noch vor hundert Jahren ***oft im Gänsemarsch.***

....

....

6) Die Touristengruppe ging ***wie ein Fisch im Wasser*** über den Platz.

....

....

7) In so genannten Mangelwirtschaften machen die Menschen für viele Alltagsprodukte oft stundenlang ***aus einer Mücke einen Elefanten.***

....

....

8) Die alte Dame ***stand*** wegen ihrer Eigenwilligkeit schon immer in der Familie ***Schlange***.

....

....

9) Neues Hemd, neuer Anzug, neue Krawatte, der Bewerber erschien, ***einen Bären aufgebunden***, zum Vorstellungsgespräch.

....

....

10) Die junge Kollegin fühlt sich im neuen Arbeitsumfeld ***wie aus dem Ei gepellt.***

....

....

⑦ Sonstige

1) Konservative Menschen wollen am liebsten immer alles ***zustande bringen.***

2) Die Urlauber, die am Flughafen zwei Tage lang auf ihre Rückflüge von der Urlaubsinsel warten mussten, ***waren im Bilde,*** als sie endlich ihre Heimreise antreten konnten.

3) Die ständigen Sticheleien ihrer Kollegin hatten ***neue Wege eingeschlagen,*** deswegen suchte sie sich eine neue, bessere Arbeitsstelle.

4) Gute Journalisten müssen immer ***fix und fertig sein.***

5) Menschen mit ein wenig Mut und Phantasie entscheiden sich leichter dazu, ***alles beim Alten zu lassen.***

6) Dank neuer Technologien waren die Analysten bereits nach kurzer Zeit das ***A und O*** darüber, wie es zu dem Unfall kommen konnte.

7) ***Auf dem Laufenden sind*** bei der Zubereitung dieses Gerichts die guten Zutaten.

8) Zu Toleranz und Aufgeschlossenheit gehört vor allem, Andersdenkende einfach ***zum Zuge kommen*** zu lassen.

9) Es ist erstaunlich, ***wem*** die Teilnehmer von Jugend forscht ***den Rest geben*** können.

10) Je später die Menschen in Rente gehen werden, desto länger wird es dauern, bis junge Menschen mit ihren innovativen Ideen ***jemanden in Frieden lassen.***

Zusammenfassende Übungen

Übung 1: Textergänzung

① **Wählen Sie das richtige Wort!**

Ein Land _(0)_ Plastiktüten

Wie heißt die sauberste Stadt Afrikas? – _(1)_ Kigali, die Hauptstadt Ruandas, wird da wohl zunächst kaum jemand denken. Doch seit man in dem ostafrikanischen _(2)_ mit verschiedenen Aktionen mit dem Kampf gegen den allgegenwärtigen Müll _(3)_ hat, ist der Titel heute gerechtfertigt.

So wird Kigali _(4)_ in gemeinschaftlichen Bürgeraktionen vom Müll befreit, und wer Abfall _(5)_ die Straße wirft, muss mit einer Geldstrafe rechnen. Daher erhielt die Stadt bereits eine Auszeichnung der UNO für ihr müllfreies Erscheinungsbild. _(6)_ ganz bedeutender Faktor dabei ist die Tatsache, _(7)_ in Kigali und in ganz Ruanda keine Plastiktüten benutzt _(8)_. Wie überall auf der Welt gab es sie, in Massen. Besonders die dünnen Tüten, die _(9)_ nur einmal verwendet werden, landen in vielen Ländern _(10)_ eines fehlenden Abfallwirtschaftssystems oft einfach auf der Straße und werden _(11)_ Wind in die Natur geweht, wo sie viele langfristige Schäden verursachen, da sie _(12)_ verrotten.

(0)

a) für

b) ohne

c) aus

(1) a) an b) nach c) bei	**(4)** a) niemals b) manchmal c) regelmäßig	**(7)** a) dass b) weil c) damit	**(10)** a) innerhalb b) trotz c) aufgrund
(2) a) Areal b) Land c) Gebiet	**(5)** a) über b) hinter c) auf	**(8)** a) haben b) werden c) sind	**(11)** a) vom b) durch c) bei
(3) a) begonnen b) gestartet c) aufgehört	**(6)** a) mancher b) dieser c) ein	**(9)** a) immer b) nie c) meistens	**(12)** a) schnell b) nicht c) selten

② Ergänzen Sie die fehlenden Wörter!

In Ruanda ist *(0)* Politik daher einen radikalen Schritt gegangen: (1) inzwischen rund acht Jahren sind Plastiktüten (2) verboten. Konsequent (3) auch Einreisende am Flughafen ihre mitgeführten Kunststoffbeutel abgeben. (4) erinnern die Gepäckkontrollen in ihrer Akribie teilweise (5) Rauschgiftkontrollen, doch gibt der Erfolg den Maßnahmen Recht. Auch wenn in den Nachbarländern Uganda, Tansania und ebenso in Kenia inzwischen (6) Gesetze bestehen, ist davon nicht viel zu merken, (7) dort die konsequente Umsetzung fehlt.

Die Maßnahmen sind nicht (8) gut für die Umwelt und ein immaterieller Gewinn für die Menschen, (9) sich am positiven Stadtbild erfreuen können, sondern auch die Wirtschaft ist durch das Umweltgesetz gestärkt (10): Die Plastikbeutel sind durch Papiertüten (11) Taschen aus Baumwollstoff, Bananenfasern oder Palmblättern ersetzt worden. Diese werden im Land (12) und zum Kauf angeboten, auch bereits am Flughafen. Außerdem wird Kigali heute gerne für internationale Konferenzen ausgewählt, (13) es ist die sauberere und daher angenehmere Alternative zu Städten (14) zum Beispiel Nairobi ist.

***(0)** die*	(3) **m.**......	(6) **ä.**.......	(9) **d.**........	(12) **h.**.......
(1) **s.**.......	(4) **Z.**.......	(7) **d.**.......	(10) **w.**......	(13) **d.**.......
(2) **d.**.......	(5) **a.**.......	(8) **n.**.......	(11) **o.**.......	(14) **w.**.......

③ Finden Sie die fehlenden Wörter.

Nun etabliert sich zusehends auch eine Recyclingindustrie in Ruanda. *(0)* 2009 bemüht sich ein Unternehmen (1), in den Privathaushalten die konsequente Mülltrennung einzuführen, (2) die verschiedenen Stoffe besser verwerten zu (3). Zudem gibt es heute (4) Recyclingfabriken für Plastik, (5) abgesehen (6) den Kunststofftüten, die an den Grenzen Ruandas eingesammelt werden, fallen in dem Land, (7) Wirtschaft boomt, auch jede Menge Plastikverpackungen an. In den (8) wird der Plastikmüll sortiert, gewaschen und getrocknet. (9) werden daraus neue Plastikprodukte hergestellt, denn auch in Ruanda kommt man nicht gänzlich (10) Kunststoff aus. Dass aber die (dünnen) Plastiktragetaschen im (11) völlig überflüssig (12), zeigt das afrikanische Land vorbildlich.

***(0)** seit*

(1).........	(4).........	(7).........	(10).........
(2).........	(5).........	(8).........	(11).........
(3).........	(6).........	(9).........	(12).........

Übung 2: Textergänzung und Fehlerkorrektur

① Ergänzen Sie das richtige Wort!

Freiwillige Arbeit und Ehrenamt – pro und contra

Ehrenamt und _(0)_ Engagement können _(1)_ Tolles sein. Man _(2)_ sich in verschiedenen Bereichen, setzt so seine Fähigkeiten ein, um _(3)_ Menschen _(4)_ helfen und man fühlt sich gut dabei, vor allem, wenn man Ergebnisse sieht, _(5)_ die man stolz sein kann. Sei es in Kinderbetreuung, Nachhilfe oder Bürger- und Menschenrechtsorganisationen, _(6)_ freiwillige Arbeit kann Menschen geholfen _(7)_, die auf unkonventionelle und unbürokratische Weise _(8)_ brauchen. Zum Beispiel _(9)_ es Anwälte, die ihr Wissen für gemeinnützige Organisationen zur _(10)_ stellen, _(11)_, über die üblichen Prozesskosten hinaus, Geld zu verlangen oder _(12)_ sogar auf eine Kasse einer gemeinnützigen Organisation zurückgreifen _(13)_. So etwas ist wichtig und gut für die _(14)_.

(0) freiwilliges	(3) a.	(6) d.	(9) g.	(12) d. . . . .
(1) e.	(4) z.	(7) w.	(10) V.	(13) k. . . . .
(2) e.	(5) a.	(8) H.	(11) o.	(14) G. . . . .

② Finden Sie die Fehler (15 ohne das Beispiel)!

Einerseits kann Freiwilligenarbeit systematisch ausgenutzt worden. Zum Beispiel, wenn kostenlose und hierfür nicht oder nur schlecht ausbildende Freiwillige wegen der leeren Kassen der Städte und Kommunen in die Schule, im Gesundheitsbereich, im sozialen Bereich oder in kulturellen Institutionen eingesetzt werden. Bürger, die Ihren Park sauber halten und zum Gärtnern werden, Rentner, die bei der Hausaufgabenbetreuung von Schülern helfen müssen, obwohl ihnen jede Qualifikation dafür fehlt, Eltern, die die Schulen ihrer Kinder putzen, weil die Stadt keine Reinigungskraft bezahlen muss. Indem man den Bürgern einredet, das sie nur so etwas für die Gesellschaft und deren Zusammenhalt tun, findet hier zum einen eine finanzielle Ausnutzung diesen Personen statt, die arbeitsrechtlich ungeschützt fast dasselbe Arbeit machen, die bezahlte Krankenschwestern oder ein Arbeitsloser machen werden und könnten, und zu anderen wird die Anzahl der bezahlten Krankenschwestern damit abbauen und diese werden in die Arbeitslosigkeit gedrängt. Sieht er die Freiwilligenarbeit so, dient sie in erster Linie dazu, dass der Stadt und andere private Wohlfahrtsträger Geld einsparen.

(0) Andererseits	(4).	(8).	(12). . . . .
(1).	(5).	(9).	(13). . . . .
(2).	(6).	(10).	(14). . . . .
(3).	(7).	(11).	(15). . . . .

③ Finden Sie die fehlenden Wörter!

Natürlich ist _(0)_ interessant und es ist sinnvoll, _(1)_ etwa bei der freiwilligen Feuerwehr zu engagieren, und viele Ehrenämter, zum Beispiel _(2)_ Stadtrat, als Laienrichter _(3)_ Gericht oder als Wahlhelfer, besitzen eine lange Tradition und sind auch _(4)_ Gesetz vorgesehen. Außerdem ist es gerade für _(5)_ Menschen schön, sich nach der Pensionierung mit _(6)_ Fähigkeiten dort zu engagieren, wo andere _(7)_ brauchen und sich vielleicht auch die niedrige _(8)_ mit einem Taschengeld aufzubessern. Aber _(9)_ gibt auch die Schattenseiten, weil die Vernichtung von bezahlten Berufen durch den systematischen Einsatz von _(10)_ reichlich zweifelhaft ist.

***(0)** es*

(1).	(3).	(5).	(7).	(9). . . . .
(2).	(4).	(6).	(8).	(10). . . . .

Übung 3: Textergänzung und Fehlerkorrektur

① Ergänzen Sie das richtige Wort!

Computergestützte und maschinelle Übersetzung

Nicht **(0)** die Sprache an sich ist in **(1)** steten Wandel, sondern auch die **(2)** und Weise, wie Übersetzungen durchgeführt **(3)**, ändert sich ständig. Die computerunterstützte **(4)** hat in jüngster Vergangenheit Einzug **(5)** die Übersetzungsbüros der Welt gehalten. Doch **(6)** nur die Übersetzungsbüros und freiberufliche Übersetzer **(7)** Computer und Software **(8)** Übersetzung, **(9)** auch Privatpersonen und Laien greifen mittlerweile auf **(10)** Hilfen zurück. Grundsätzlich muss **(11)** allerdings zwischen Maschinen wie etwa Google Translate **(12)** Software zur computerunterstützten Übersetzung, wie **(13)** von echten Profis verwendet wird, **(14)**.

(0) nur	(3) **w.......**	(6) **n........**	(9) **s..........**	(12) **u.........**
(1) **e........**	(4) **Ü........**	(7) **n........**	(10) **s.........**	(13) **s.........**
(2) **A........**	(5) **i........**	(8) **z........**	(11) **m........**	(14) **u.........**

② Finden Sie die Fehler (15 ohne das Beispiel)!

Übersetzungsmaschinen sind zwar ***unter*** Umständen nicht ganz unpraktisch, etwa ob es darum geht, E-Mails notdürftig auf deren Inhalt zu prüfen, ohne zumindest annähernd zu verstehen, was der Absender damit sagen konnte. Aber für Texte, bei denen es einen Spielraum für Zweifel oder Interpretationen geben, oder Texte, der für andere übersetzt werden, ist die maschinelle Übersetzung gänzlich unbrauchbar, ja geradezu fahrlässig.
Software zum computerunterstützten Übersetzung, sogenannte CAT-Tools, sind eine gänzlich andere Angelegenheit. Hierbei handelt man sich um Computerprogramme, die von absoluten Profis vor allen benutzt werden, um eine Einheitlichkeit in der Terminologie gewährleisten. Die Texte, die müssen übersetzt werden, worden in das CAT-Tool eingespeist und dort in Segmente zerlegt. So wird mancher einzelne Satz zu einem Segment. In einer zweisprachigen Benutzeroberfläche liest der Übersetzer links den Ausgangstext und fügt rechts die Übersetzung auf. Der Einsatz dieser schwach entwickelten Programme besitzt eine Vielzahl an Vorteilen.

(0) unter	(4).........	(8).........	(12).........
(1).........	(5).........	(9).........	(13).........
(2).........	(6).........	(10).........	(14).........
(3).........	(7).........	(11).........	(15).........

③ Finden Sie die fehlenden Wörter!

Natürlich gibt **es** aber auch einige Nachteile, zum Beispiel die Abhängigkeit **(1)** der Technik oder die Einschränkung der Kreativität. **(2)** die Technik streikt, kann eine Übersetzung nicht ausgeführt **(3)** und ein kreativer Werbetext oder gar ein literarischer Text kann mit computergestützten Übersetzungswerkzeugen nicht in eine andere **(4)** übertragen werden.
Worauf es bei einer guten Übersetzung **(5)**, ist die richtige Mischung aus „herkömmlicher" Übersetzung **(6)** dem Einsatz von CAT-Tools. Bei 90 **(7)** der Übersetzungsprojekte sind sie eine ausgezeichnete Wahl und eine großartige Hilfe für **(8)** Übersetzer, es ist aber auch notwendig genau **(9)** wissen, wann es sich um die übrigen 10 Prozent handelt. **(10)** ist nur durch langjährige Erfahrung und permanente Weiterbildung möglich.

***(0)** es*

(1).........	(3).........	(5).........	(7).........	(9).........
(2).........	(4).........	(6).........	(8).........	(10).........